中小学教师 培训用书

教学设计

张海珠◎编 著

ZHONGXIAOXUE JIAOSHI PEIXUN YONGSHU

Jiaoxue Sheji

北京师范大学出版集团
BEIJING NORMAL UNIVERSITY PUBLISHING GROUP
北京师范大学出版社

图书在版编目（CIP）数据

教学设计/张海珠编著. —北京：北京师范大学出版社，2013.8（2022.8 重印）
（中小学教师培训用书，卫建国主编）
ISBN 978-7-303-16425-7
Ⅰ. ①教…　Ⅱ. ①张…　Ⅲ. ①教学设计－中小学
Ⅳ. ①G632.0

中国版本图书馆 CIP 数据核字（2013）第 094432 号

北师大出版社教师教育分社微信公众号　京师教师教育

出版发行：北京师范大学出版社　www.bnupg.com
北京市西城区新街口外大街 12-3 号
邮政编码：100088
印　　刷：三河市兴达印务有限公司
经　　销：全国新华书店
开　　本：730 mm×980 mm　1/16
印　　张：8.5
字　　数：118 千字
版　　次：2013 年 8 月第 1 版
印　　次：2022 年 8 月第 7 次印刷
定　　价：17.00 元

策划编辑：陈红艳　　责任编辑：陈红艳
美术编辑：纪　潇　　装帧设计：纪　潇
责任校对：李　菡　　责任印制：马　洁

序言

PREFACE

教育大计，教师为本；有好的教师，才有好的教育。习近平总书记在全国教育大会上指出，教师是人类灵魂的工程师，是人类文明的传承者，承载着传播知识、传播思想、传播真理，塑造灵魂、塑造生命、塑造新人的时代重任，要坚持把教师队伍建设作为基础工作。在当代中国，随着基础教育改革的不断深入，人们逐渐认识到，更新教育观念，提高教育质量，深化教学改革，归根到底取决于教师的素质和水平。没有好的教师，就难有好的教育，就难以培养高水平的学生，教育教学改革也难以进行下去。提升教师素质尤其是提升农村中小学教师素质，努力造就一支师德高尚、业务精湛、结构合理、充满活力的高素质专业化教师队伍，是推动我国基础教育发展的根本保障。

高等师范院校作为培养教师的基地，在提升中小学教师素质方面肩负着义不容辞的责任。随着教师教育改革的不断深化以及教师教育职前职后一体化进程的全面推进，高等师范院校的职责也发生了新的变化。高等师范院校不仅要继续担负教师教育职前培养这一传统的任务，培养高素质的中小学教师；而且要承担教师教育职后培训这一新的任务，提高现有中小学教师队伍的素质。从近几年高等师范院校教师教育改革的实践看，高等师范院校在中小学教师职后培训方面可以大有作为。

首先，高等师范院校可以为中小学教师提供职后培训，提升中小学教师素质。这种培训可以是全方位的，包括教育观念、教学模式、专业内容、课程培训、岗前培训、入职培训、听课评课指导等。

其次，高等师范院校在研究基础教育、引领基础教育的教学改革与发展方面可以大有作为。简言之，高等师范院校要不断创新服务基础教育的形式，提高服务基础教育的能力，通过研究和服务基础教育，引领基础教育的发展方向。这是一项十分重要的任务，也是一项比较困难的任务。在这方面，教育部直属高等师范院校做了大量工作，地方师范院校做得还比较欠缺，需要加大工作力度。

最后，高等师范院校可以在中小学建立教研科研基地，帮助和带领中小学教师共同进行教研科研活动，提高他们的教研科研能力。这是高师院校教师的优长所在，也是在更深入和更高层次上服务基础教育和引领基础教育的活动。

为了适应教师教育改革和中小学教师职后培训需要，我们在多年进行中小学教师职后培训实践的基础上，编写了这套中小学教师职前与职后培训用书。

本套用书在策划和编写过程中，始终强调要体现三个特点：其一，前瞻性或前沿性：教材内容要反映本学科发展的最新成果和发展趋势，观点要新，内容要新。其二，实践性、实用性、可操作性：紧密结合中小学教育教学实际，贴近中小学教师工作实际，立足于管用和应用，选择与中小学教育教学密切相关的重要问题加以讨论。其三，简洁性与可读性：简单明了，形式力求活泼。突出案例教学，或以案例为主线呈现教材内容，用鲜活生动的案例表现教材内容，避免空谈理论。

我们深知，提高中小学教师的整体素质是一件复杂而困难的工作，不是编写一套书或讲几节课就能解决问题的。但有一套内容观点先进、实践性和应用性强、形式简洁灵活的培训用书，毕竟也是一件十分重要和必要的工作。我们的这项工作愿意为提升中小学教师素质尽绵薄之力。

是为序。

卫建国

于山西师范大学

目录
CONTENTS

专题一　教学设计概述

[序幕]

“教学设计”(Instructional Design，ID)也称“教学系统设计”。自20世纪60年代末以来，经过30多年的发展有第一代(ID1)和第二代(ID2)之分。其中ID2的代表性模型一般认为是“史密斯—雷根模型”，它是由P. L. Smith和T. J. Ragan于1993年提出并发表在他们两人合著的《教学设计》一书中。该书在国际上有较大影响，该书对教学设计理论与方法的论述具有权威性(该书作者之一的T. J. Ragan在90年代曾任美国AECT理论研究部的主席)。史密斯和雷根在该书中对“教学设计”所下的定义是：“教学设计是指运用系统方法，将学习理论与教学理论的原理转换成对教学资料和教学活动的具体计划的系统化过程。”

加涅在其著名的《教学设计原理》一书中，对教学系统设计(即教学设计)所下的定义则是：“教学系统设计是对教学系统进行具体计划的系统化过程。”

我们国内对教学设计的定义以邬美娜教授主编的《教学设计》一书中所给出的定义为代表：“教学设计是运用系统方法分析教学问题和确定教学目标、建立解决教学问题的策略方案、试行解决方案、评价试行结果和对方案进行修改的过程；它以优化教学效果为目的，以学习理论、教学理论和传播学为理论基础。”

以上三个定义都强调教学设计是运用系统方法对教学进行具体计划的过程，这正是“教学设计”最本质的特征。三个定义的不同之处在于：加涅的定义未对具体计划的内容做任何说明，显得过于简略；邬美娜的定义则明确地规定计划的内容应包括教学目标、教学策略、解决方案和结果评价等，并指出教学设计的理论基础是学习理论、教学理论、传播理论(实际上还包括系统论)；史密斯和雷根的定义也对计划的内容和理论基础作了适当说明，但比较概括，显得简明扼要。

综合上述三个定义的共性与个性，可以作出比较全面而概括的关于"教学设计"的定义如下：

"教学设计是运用系统方法，将学习理论与教学理论的原理转换成对教学目标(或教学目的)、教学条件、教学方法、教学评价等教学环节进行具体计划的系统化过程。"

——何克抗《也论"教学设计"与教学论》

教学设计是一个系统化(systematic)规划教学系统的过程。教学系统本身是对资源和程序做出有利于学习的安排。任何组织机构，如果其目的旨在开发人的才能均可以被包括在教学系统中。

——加涅(1988年)《教学设计原理》

一、教学设计的概念

1. 教学设计的定义

教学设计是运用系统思想和方法，以学习理论、教学理论和传播理论为基础，来计划和安排教学全过程的诸环节及各要素，以实现教学效果最优化为目的的科学。教学设计以教学过程为研究对象用系统思想和方法来分析教学过程各个要素，用最优化的思想和观点对教学过程进行设计，给教师的教学过程提供了一个具体的可操作的教学活动实施方案。

2. 教学设计的发展

教学设计作为发展中的新兴学科孕育于第二次世界大战之后的现代媒体和

各种学术理论被综合应用于教育、教学的时期。第二次世界大战期间美国为了在最短的时间里为军队输送大批合格的士兵和为工厂培养大批合格的工人，召集了大量的心理学家和教育工作者。他们根据当时的教学、学习和人类行为方面的研究成果，创立了一系列系统分析学习任务的方法。这些方法后来成为现代教学设计概念的基础。第二次世界大战之后，20 世纪 50 年代中期，以新行为主义心理学的联结学习理论为基础创立的程序教学理论，更加直接地影响了教学设计理论和实践的发展。进入 20 世纪 60 年代，加涅等人扩展了任务分析的概念，强调了行为目标在教学设计中的作用，极大地促进了教学系统设计方法的运用。在这一时期的教学设计理论，绝大部分都是以“教”为中心，面向教师的教。基本内容是研究如何帮助教师把课备好、教好，而很少考虑学生“如何学”的问题。当前，在建构主义理论指导下，不仅形成了全新的学习理论，也形成了全新的教学理论。在这些理论的指导下教学设计理论强调以学生为中心，在整个教学过程中教师起组织者、指导者、帮助者和促进者的作用，利用情境、协作、会话等学习环境要素充分发挥学生的主动性、积极性和首创精神，最终达到使学生有效地实现对当前所学知识的意义建构的目的。这种以“学”为中心的教学设计，强调以学生为中心；强调“情境”对意义建构的重要作用；强调“协作学习”对意义建构的关键作用；强调对学习环境的设计；强调利用各种信息资源来支持“学”；强调学习过程的最终目的是完成意义建构。

教学设计是指对教学系统进行设计，而教学系统总是处于运动变化之中，其表现形式是教学活动进程。这样，教学设计就必须最终落实到对教学活动进程进行设计，即“教学过程”的设计。我国学者目前正致力于“教学过程模式”的探索与研究，并在这种探索与研究的基础上，提出新的教学设计过程模式，丰富教学设计的理论和实践。

二、教学设计的作用

1. **教学设计能充分体现学习者的主体地位**

现代教学论认为，在教与学双边活动中，学生是认知活动的主体，学习者在认知活动中发挥着主体作用。教学设计是在对学习者进行全面及时地了解和分析之后进行的设计活动。它以学习者的学习为出发点确定教学目标、选择教学策略、选用教学媒体、设计教学过程。以学习者为中心，围绕学习者在学习过程中遇到的学习问题而展开教学设计，充分体现了学习者的主体地位。

2. **教学设计使教学工作更加科学化**

教学设计从教学的科学规律出发，以教学理论、学习理论为依据，对教学问题的确定、分析，对解决问题的方案设计、试行以及评价和修改策略等都采用了系统的观点和分析的方法进行了客观的分析，从而摆脱了教学活动设计中的纯经验主义，使教学工作的科学性得到了增强。

3. **教学设计有利于提高教学效率和教学效果**

教学设计要对学习需要、学习内容和学习者进行分析，在分析的基础上进行设计，就可以减少许多不必要的重复内容。另外，在分析的基础上还可以明确教学目标，科学地制定教学策略，合理地使用教学媒体，科学地拟定教学进度，准确地测定教学结果，使教学活动在最低消耗的前提下取得最大的效益。

4. **教学设计可以调动学习者的积极性**

教学设计能充分了解和分析学习者的特点，针对学习者的特点运用相应的教学策略，采取相应的教学方法和教学形式，灵活地应用教学媒体。在这种富有吸引力的教学活动中，学习者乐学、会学，大大减轻了学习者的负担，使学习者在轻松愉快、精心策划的教学活动中增强学习兴趣，提高学习的积极性。

三、教学设计的特点

教学设计是在教学活动之前，根据教学目的和要求运用系统的方法对教学过程的各个要素进行分析和策划的过程，是对“教什么”和“如何教”的一种解释。它的特点是：

1. 教学设计强调运用系统方法

教学设计将教学过程(教学对象)作为一个系统来对待，因此，教学设计要用系统的思维和方法对参与教学过程的各个要素及其相互关系作出分析、判断和操作。

2. 教学设计以学习者为出发点

教学设计从“教什么”入手，分析学习需要、学习内容和学习者。因此，特别重视学习者不同特征的分析。教学设计强调充分挖掘学习者的内部潜能，调动学习者学习的主动性和积极性，突出学习者在学习过程中的主体地位。教学设计注重学习者的个别差异，着重考虑的是对个体学习者的指导作用，使每个学习者都得到最佳的学习效果。

3. 教学设计的目的是从对环境的分析中获得的

教学设计中，特定的教学目的则是根据对需要的评价来帮助确定的。这些需要的评估是在社会环境中进行的，却由学校帮助实现和完成。教学设计的这个特性同样体现了一般系统的基本原理，教学系统的目的是从教学系统的环境中获取。

4. 教学设计是以观察到的学习结果来进行目标表述的

早在20世纪30年代，拉尔夫·泰勒已经讨论了关于行为目标的观点，这些观点包括：教学目标应该预先建立；应该根据学习者遵循教学行为或操作提出学习的结果；应该在教学前告诉学生学习目标。这些观点在60年代更加普遍和流行，但在近几年人们已开始重新认识这个问题。学习到底是由外部要求的还是内部阐发的？这个问题与现代教育观念的转变密切联系，也与教学设计的未来发展相关。

5. **用系统方法进行教学设计时强调对学习条件的分析**

用系统设计的模式进行教学设计，实际上就是设计具体技能的有效操作序列，并且为所期望的教学事件的发生做准备。如何才能有效地进行教学设计，其关键是对学习任务的具体分析。加涅提出的一系列学习理论为这一设计过程指明了方向。首先，加涅根据学习结果将学习分为不同的类型：每一种学习类型都具有不同的学习目标。其次，加涅认为，每一种学习的发生都是由内部条件和外部条件共同作用的结果，外部条件支持着内部信息加工的过程。在这个理论的基础上，教学设计主要考虑两方面的因素：一方面，任何课程都有总课程、单元课程、课堂课程三个层次，而教学设计便是利用分析技术将课程各种层次的目标划分成不同的学习结果领域，然后在明确目标及其相互作用的情况下，把目标序列和具体技能序列转换成学习活动。另一方面，要分析学习的内部和外部条件，使其互相促进。选择适当的教学内容、媒体、策略。其中包括：引起注意、告诉学习者目标、刺激回忆的先决条件、呈现刺激的材料、激发学习者的反应、提供反馈、引导思考、强化记忆和转移、评价学习者的行为等。这一系列的外部事件都是为了促进学习者内部加工过程更好地进行。

6. **教学设计中把相当大的注意力放在教学策略的选择上**

教学策略是对完成特定教学目标而采用的教学活动的程序、方法、形式和媒体等因素的总体考虑。没有一种教学策略能够适合所有的教学情况，有效的教学需要选择各种策略因素来达到不同的教学目标，最好的教学策略是在一定情况下达到特定目标的最有效的方法论体系。因此，教学策略具有指示性和灵活性，而不具有规定性和刻板性，教师只有掌握不同的策略才能根据学生的实际情况制订出良好的教学方案，并根据环境的变化而调整教学策略。

7. **教学设计以教学理论和学习理论为基础**

教学设计依赖系统的方法，使教学过程设计的完整性、程序性和可操作性得到了保证，但教学过程设计的科学性无法解决，它必须依赖教学理论和学习理论才能设计出科学的教学目标、教学程序、教学内容、教学策略和教学媒体，从而保证教学效果的最优化。

8. **教学设计是一个问题解决的过程**

教学设计是以促进学习者学习为目的的。所以，教学设计要以学习者所面临的学习问题为出发点，确定问题的性质，寻找解决问题的办法，最终达到解决问题的目的。也就是说教学设计是先找问题后寻方法。

9. **教学设计中评价和修改是不可缺少的环节**

在任何教学过程中，评价都是教学的关键因素。从教学目标的陈述中可以看出，评价是根据学习者的行为表现而进行的。另外，评价也是经过系统计划的规则和教学步骤的综合体。目前，大多数评价都试图评估教学的结果和产物，而很少评估教学的过程。因此，在大多数的传统教学中所提出的评价问题常常是：学习者达到学习目标了吗？维持了兴趣吗？使用了什么视听辅助？等等，很少涉及教学过程的评价。

10. **教学设计中对学生行为的测量更注重以目标和标准为参照系**

在评价学生的进步程度和教学情况时，人们常常使用各种类型的测量方法。因为教学系统设计方法中使用的测验和测量工具，目的是为了评估学生目标掌握的程度，而不是为了将学生进行比较或排列出顺序，所以测验的类型大多使用参照目标和标准的测验，而不使用参照常模或规则的测验。在教学设计中无论是评价学生的成就、确定教学的变化或者修改教学活动都是根据收集到的有关学习效果的具体数据，而不是教学者的“猜测”。

四、教学设计与教案的区别

教学设计和教案(传统教学)相比较有很多不同之处，这里借鉴汉纳姆和布里格斯的部分研究成果将两者的有关环节和要素加以比较。

1. 教学总目标

传统的教学根据所开设的课程和使用的教材来确定教学总目标。教学总目标能否实现，成为衡量教师能力和水平的标准；系统设计的教学，不仅根据所开设的课程和使用的教材来确定教学目标，而且还要根据学习者的学习能力和水平以及客观条件来制定教学总目标。

2. 学习者和具体教学目标

在传统的教学中，学习者在统一的大纲、课程、教材、时间、进度等方面的严格制约下，进行着统一的学习活动，被要求达到统一的标准。在传统教学过程中，学习者事先不知道教学目标，他们只能从教师的授课中和课本中间接地了解，而系统设计的教学，则是按学习者的不同状况和条件制定不同的教学目标，使用不同的教材，安排不同的时间和教学进度，开展不同的教学活动。其教学目标明确具体，学习者知道自己的学习目的。

3. 学习者的初始状态

传统的教学对学习者的初始状态关注不够。例如，教师对学习者的学习能力、学习习惯、学习特点、学习方法、学习态度和认知结构等分析得不够深入。所有的学习者都是相同的教学目标和相同的教学活动及资料。而系统设计的教学，考虑了学习者的初始特征，特别是有关学习方面的特征，并依据此特征确定不同的教学目标，开展不同的教学活动，提供不同的教学资料。显然，系统设计的教学照顾到了不同程度学习者的学习需要，使学习者能够获取学习上的成功，有效地贯彻了因材施教的教学原则。

4. 教材的选择

传统的教学使用的是国家统编教材，不管教材是否符合当地学习者的实际情况，一般地区的学校教师无权选择教材。而系统设计的教学是按照教学目标的要求和学习者的实际挑选教材，甚至自编教材。随着我国课程和教材的进一步改革和发展，将会给学校和教师更大的挑选教材的自主权。

5. **教学内容的顺序**

传统的教学是按照教学内容的逻辑顺序依次递进，没有考虑其他必要的条件。例如，学习者的可接受性问题等。系统设计的教学，不仅按照教学内容的逻辑顺序逐步展开，而且根据学习理论的原则和必要的条件来安排教学内容的顺序。这样的安排，既符合可接受原则的要求，又符合学习者的实际情况，便于学习者掌握教学内容。

6. **教学方法**

传统的教学在教学方法的采用上受教师偏爱的影响较大；而系统设计的教学在教学方法的选择上，则依据学习理论和教学理论，由教学目标和教学内容来决定，同时还要考虑学习者的学法，使教法与学法相互呼应。

7. **教学媒体的选择**

传统的教学，教师根据自己的喜好和可行性选择教学媒体，其效果如何，初次使用时是不清楚的；系统设计的教学，主要是依据教学目标和学习者的特点进行选择。选择何种教学媒体要有理论研究的结果支持和实践的证明。如果没有实践证明，教师在采用前一定要先证明其效果如何，而后再决定取舍。

8. **教学时间**

传统的教学在时间上是固定的，随着时间的流程，学习者完成固定的学习任务，但学习者的掌握程度却参差不齐；系统设计的教学，由于学习者掌握某些学习内容所消耗的时间不同，学习者在学习某些内容时所花费的时间不同。因此，针对不同的学生设计不同的教学活动，制订不同的教学进度，选择不同的教学内容，确定不同的教学目标。

9. **掌握程度**

传统的教学是少数学习者掌握大多数目标，使少数学习者能够获得成功。显然，传统的教学在掌握程度上具有不确定性。而系统设计的教学，详细分析了学习者的状态，采用了有效的教学策略，选用了适当的教学媒体，准确地找到了导致差距的原因，并相应地采取了措施，因而能获得大面积丰收。

10. **效果预测**

传统的教学，教学效果一般按常态曲线分布，但很少能达到高水平。其原因在于，传统的教学强调所有学习者在同一时间内，使用同一教材，按照同一进度去学习同一内容，这难以照顾到不同程度学习者的学习需要。教学要求上的“一刀切”必然导致教学方法的单一化和固定化；系统设计的教学效果虽常常突破常态分布，但大多数学习者能够达到较高水平。系统设计的教学考虑到了学习者的个别差异，有效地采取了一系列教学措施，甚至是补救措施，因而能保证取得预期的教学效果。

11. **测试评价**

传统的教学在测评上没有严密的安排，常常参照“常模”作出估计和评定。测评的目的是为了定分数、划等级、决定升留级和升学；系统设计的教学在测评上则是有步骤、有计划地进行，其目的主要是从中获取反馈信息，检查学习者的进步状况，确定学习者的掌握程度，诊断其困难所在，检查原设计方案的合理性和可行性，以便发现问题，修正教学。

12. **失效与对策**

在传统的教学中，教学效果低或无效，是学习者方面的原因造成的，责任不在教师。一旦低效或无效，没有及时的替代物和应急措施。例如，无法改变教学目标。系统设计的教学认为，教学效果低效或无效，应该从教学设计和操作方面查找原因，从教学上查找问题，研究如何改进教学。教学效果一旦低效或无效，事先有替代物和应急措施。例如，为需要帮助的学习者预先准备几套学习方案。这样可以减少教学过程中的失误。

13. **教师的作用**

在传统教学中，教师往往从主观愿望出发，忽视学习者的主观能动性，把学习者视为被动接受知识的容器，教师充当授课讲述的角色；在系统设计的教学中，教师不仅充当信息传递者的角色，而且同时发挥着指导者、管理者、咨询者、促进者的作用，对学习者进行全方位的指导、多方面的管理和随时的咨询，全面促进学习者身心的健康发展。

专题二　教学设计的基本理论及模式

即便一种有效的学习理论也无法告诉我们如何进行课堂教学，但它确实可以为我们提供一个发现一般教学原理的最切实可行的起点。如何才能有效地控制教学情景中的关键因素，其可靠的答案大多来自学习理论研究。

——施良方《学习论》

一、教学设计的基本理论

教学设计是运用系统思想和方法，以学习理论、教学理论和传播理论为基础，来计划和安排教学全过程的诸环节及各要素，以实现教学效果最优化为目的的学科。教学设计以教学过程为研究对象，用系统思想和方法来分析教学过程各个要素，用最优化的思想和观点对教学过程进行设计，给教师的教学过程提供了一个具体的可操作的教学活动实施方案。

[案例]

课前准备：课前教师在每个小朋友的桌上放了一个注射器(孩子们一进教室，看到桌子上的注射器就情不自禁地玩了起来)

教师：你们尽情地玩吧，看谁玩的花样多，发现多。(这次探究就这样开始了)

学生：(玩的花样非常多，非常有兴趣)

教师：你们是怎么玩的，和大家分享一下。

学生：我用一只手堵住针孔，另一只手用力推活塞，先前可以推进去，可到一定程度，就推不进去啦。如果手一放，活塞就出来了……(一个学生站起来边演示边解说)

学生：对！我也是这样玩的。

学生：这种玩法我也玩过！(很多学生都这么说)

学生：我还玩过另一种玩法……(学生边演示边解说，完全被注射器吸引住了，个个玩得那么投入)

学生：我用手指头堵住针孔，另一只手用力推活塞，先前可以推进去，可到一定程度，就推不下去了，不知道为什么？(一个学生歪着脑袋疑惑地问)

教师：(在学生有了玩注射器的经历以后，重点是引导学生参与研讨，在互相交流中明确意义、形成概念)这个问题提得太好了，你们是怎么想的？

学生：先前活塞压下去，我想可能是空气从针孔和指头间漏出去了吧……(一个小女孩怯生生地说，显然不自信)

学生：我不同意她的说法，如果空气漏出去了，我们的手指就会感到凉丝丝的，我堵得很紧，不可能漏出去。(小女孩的话激起一个小男孩的反对，是他的经历激起他的思维，所以他才会这么理直气壮地说)

学生：可是……空气没有跑出去，活塞为什么能压下去呢？(小女孩一脸疑惑)

学生：我们组认为，先前针管里的空气是松的，一压活塞，空气就聚集在一起了，空气没有流出去，只是挤在一块儿了。(小男孩涨红着脸说，他的经历更助长了他的信心)

学生：我同意我们组同学的说法，空气原先挨得不是很紧，压下去的时候它就挨得非常非常紧了。(和小男孩同组的一个女生支持小男孩)

学生：看来空气也像海绵一样是可以被压缩的。(原先那位小女孩在说话，似乎有恍然大悟的感觉)

教师：（老师把小女孩所说的话写在了黑板上："空气可以被压缩"）（接着继续引导学生）为什么活塞到一定程度，就推不下去了，一放手活塞又回去了呢？

学生：我们压活塞时，空气越来越挤，最后再也挤不下了。等我们手一松，它马上又把先前的位置占了回来。（坐在最前面的一个女生说）

学生：这说明被压缩的空气在恢复原形的时候，产生了一股很大的力量，把活塞推了出来。（另一个同学插了一句。同学们激烈地讨论着，思维和语言交互作用着）（在热烈的研讨中，孩子们脑海中逐步建立起了这样一个概念：空气可以被压缩，压缩的空气有弹性，会产生弹力）

[问题与讨论]

以上教学设计的案例在什么地方体现了新课程的理念？试分析应用了哪些教学设计的基本理论？

1. 系统理论

系统理论为教学设计提供了系统的思考各要素的方法，也为教学设计如何序列化指明了方向。系统理论认为，整个自然界是以系统的形式存在着的有机体，任何客体都是由诸要素以一定的结构组成的具有相对功能的系统，整个自然界是由不同层次的等级结构组成的开放系统，它处于永不停息的运动之中。用这些基本观点去观察世界，较为具体地说明了物质世界的本质联系。这也为系统地研究教学设计系统及教学各要素提供了重要的方法论上的指导。

(1)系统的概念。系统论认为，世界上的一切事物都是作为各种各样的系统而存在的。任何事物、现象、过程都自成系统，又互成系统。"系统"一词出自希腊语"systema"，表示群或集合的抽象概念，其英文为"system"，解释为"group of things or parts working together in a regular relation"（同类事物按一定的关系相互作用的整体）。一般认为，系统是指为达到共同的目的，具有相互作用、相互联系的许多要素构成的一个整体。系统就其本质来说，就是元素及其关系的总和。它可大可小，大到一个国家、一个地球，小到一个分子、一个原子。自然界是由无数大大小小的系统构成的，例如，一座城市、一个工厂、一所学校、一项工程、一部机器、一个人等。人体便是一个系统，因为人体也是由许多要素构成的，要素之间又相互联系。由此可见，系统至少要有三个条件：首先是要有一定的元素，其中因分析的需要，而把其主要的元素称其为要素；其次是要有一定的结构，即元素之间的相互联系，元素之间没有联系，不能构成系统；最后是要有一定的环境，系统是一定环境中的系统，它在一定的环境下作用，又作用于一定的环境，没有环境就没有系统。

(2)系统的类型。根据不同的分类标准，将系统分为不同的类型。根据系统的组成内容不同，将系统分为物质系统、社会系统等；根据系统的生成原因不同，将系统分为自然系统、人工系统；根据系统的形式，将系统分为小型系统、中型系统、大型系统等；根据系统与时空的关系，将系统分为静态系统、动态系统；根据系统与环境的关系，将系统分为封闭系统、开放系统；根据功能的不同，将系统分为控制系统、非控制系统等。

(3)系统的结构与功能的关系。结构是指系统内部各组成要素之间在空间或时间方面有机联系或相互作用的方式或顺序。任何系统的要素都是按照一定的次序排列和组合的，系统越有序，结构越严密。例如，在一个教学系统中，可能有课堂教学系统、自学系统、计算机辅助教学系统等子系统。这些子系统构成了教学系统的结构。与此同时，教学系统还与学校的其他一些同级系统和高一级系统发生作用。教学系统各子系统之间的结构决定了教学系统的性质和功能。系统的结构与功能既相互依赖，又相互独立。现实系统中，结构与功能的关系有下面几种情况：一是组成系统结构的要素不同，系统的功能不同；二是组成系统结构的要素相同，但结构不同，其功能不同；三是组成系统的要素与结构都不同，功能相同；四是同一个系统结构，不仅具有一种功能，而且可能有多种功能。了解系统的结构和功能，有助于我们科学地分析教学过程和教学设计系统各要素之间的关系，以策划最佳的教学设计，争取获得良好的教学效果。

(4)系统的特性。系统具有一定的特性，具体表现为以下几个方面：

集合性。任何一个系统都是一个有组织的整体，它是单一事物的集合。对于某一系统来说，它的组成部分是构成系统的要素，整个系统就是由这些可以相互区别的各个要素组成的集合。

整体性。系统是由两个或多个可以相互区别的要素，按照系统整体所应具有的综合性而构成的。虽然构成系统的各个要素具有不同的功能，但它们是按照逻辑统一性的要求而构成的整体。

相关性。系统内各要素之间是相互联系、相互作用的，在这些要素之间具有某种相互依赖的特定关系。例如，对于教学过程而言，教师、学习者、课程和教材、教学手段等构成了教学过程的结构性要素，它们之间通过特定的关系有机地结合在一起，形成了具有特定功能的教学过程系统。

目的性。任何系统都是指向特定的目标，通过系统功能，完成特定的任务。比如说教学设计的目的，就是为了追求教学效果的优化，提高教学效率和教学质量，使学习者能够学到更多的知识和技能，大幅度地提高学习者的能力，使其获得良好的发展。

环境适应性。系统的环境是指那些影响系统性质或行为的事物，要使系统具有生命力，系统要适应外部环境的变化，没有系统与环境的交互作用是不可能的。即系统与外部环境之间存在着相互作用。环境与系统的关系表现在两个方面：一是环境为系统提供一定的物质、能量要素(如信息等)，这些要素在较大程度上决定了系统的性质；二是环境对系统产生了一定的限制，这些限制有利于系统的运动。

反馈性。为了维持系统的平衡和稳定，使其正常运行，系统必须具备自我调节的能力。系统是通过反馈这一环节，使自己处于一种相对稳定的状态。这里的反馈信息是指，从系统的环境中所收集到的有关系统产物的信息，特别是那些与产品的优缺点有关的信息或者由系统产生错误所导致的信息。

2. **传播理论**

所谓传播就是信息从一个地方传送到另一个地方。传播理论研究的是对这些信息的传送过程、信息的结构和形式、信息的效果和功能等。在教学设计中，传播理论所考虑的是“教者”“学者”“教学内容”等的交往和传播。传播理论揭示了教学过程系统中诸要素的信息传播过程，对教学设计者进行教学设计提供了理论依据。

(1)信息的定义及信息的传递。在日常生活中，人们对信息有三种看法：一种是作为通信的消息来理解；一种是作为运算的内容而提出；一种是作为人类感知的来源而存在。一般来说，“信息是指反映客观世界中各种事物的特征和变化的组成”。关于信息的传递，威尔伯·施克拉姆在数学家克劳德·香农提供的传播模式的基础上提出了有意义信号的传播和接收的模式。模式中包括信息源(传播者)、信号、信息通道、信息接收者四个要素。在教学活动中，信息源是指传播者(教学者及相关人员)所发送的信息(imformation)和信号(message)，无论是人本身还是人编写的教材、教学参考书、电视课堂、教学媒体等。信息和信号中都包含着发送信号者的文化、经验、态度、能力等。因此，对信息源所发送的信息接受者能否接受，施克拉姆认为只有在传播者和接受者的经验领域重叠的部分，传播才是有效的。信息通道包括听觉通道和视觉通道，信息传播通道受到许多媒体专家的关注。他们认为，视听学习策略的选择及其效果与人类的感知能力密切相关。所以一些有关人类感知能力的问题就成为媒体专家们所讨论的重要问题。例如，一个人使用单一通道效果如何，使用复合通道效果如何，交替使用效果如何等。信息接受者在施克拉姆模式中是对接受的信息进行加工，并将其附加一定的意义。要完成这项工作，信息接收者必须对信息的细节有足够的感知和注意。而感知和注意的水平取决于他的经验背景、个性特点、价值观、信号的呈现质量等因素。另外，接受者确定信息意义的能力还取决于他思考和使用语言的能力。

(2)信号的形式和结构。信号的形式和结构影响着信息的接收，这里需要注意三个问题：信号的组织、语言的作用和能够引起注意的信号特征。大多数信息都可以用词或者句子进行编码，所以语言是建构信号的基本因素。语言为组织信号提供了一种结构方式，人们可利用语言对信号进行编码和组织，也可用其对信号进行解码。

教学设计中信息一般是以语言的形式进行传播的，但也有一些以非语言的形式进行传播的信息，所以说语言是建构信号的基本因素。语言由词汇和语法两部分构成。词汇与现实的图景密切相关，它受到文化、个人经验和价值的影响。语法是语言的一个复杂侧面，它分为两个层次：一个层次是表面结构，也就是我们所熟悉的句子形式；另一个层次是语言深层次结构的感觉，这个结构是我们与生俱来的，它使信号的接受者能够除去表面的噪音和混乱而理解真正的内容。例如，一个3岁的孩童能够在短短的时间内完成从牙牙学语到说出简单的、具有语法结构的句子。由此可见，语言为组织信号提供了一种结构方式。人们不仅可以使用语言对信号进行编码和组织，也能够用它对信号进行解码。

传播过程中另一个关键因素是信号中所包含信息的组织化程度和信息量。那些有序的、结构合理的、图式丰富的、相互之间密切联系的信息易于记忆和提取，而无序的信号由于缺乏合理的结构而常常被人遗忘。在传统的信息论中，信号装载信息的量用“比特”来衡量。认知心理学描述记忆信息量时，常常使用信息的逻辑块和已有的经验来描述负载的信息量，如句子结构的复杂性、信息中概念的数量等。另外，信号的传播速率对信号负载量也有影响。快速传送的信息对接收者施加了更重的信息负载。一般认为，接收者控制信号的程度越高，传播效果越好。

信号的形式和结构中还有一个要考虑的问题是，信号要能够吸引接受者的注意。我们知道，传播信息的过程中信号要受到大量噪音的干扰。传播学家和教学设计家必须对影响接受者注意和编码的刺激信号引起关注。这些引起注意的信号不仅在于信号结构的内在因素，还在于接受者的个性特点。所以，在分析时除了要分析信号结构的内在因素，首先要分析接受者的个性特点。尤其是选择媒体时，这方面的考虑尤为重要。一般来说，视觉呈现的信号对传播较困难的信号或没有意义的概念比较有效，而且对年长的接受者或具有较高能力水平的接受者效果更佳。而听觉呈现则适合于较熟悉、较简单、比较有意义的信息，更适合于年幼者或经验、能力水平较低者。例如，年幼的孩子喜欢听故事；年长的人更喜欢自己阅读。其次是分析接受者使用传播通道的情况。通常情况下，人们使用多种传播通道接收信息，如看电视，既使用听觉通道又使用视觉通道。多种通道传播的有效性主要依赖于信号的信息负载量是否超过了通道的容量。一般来说，影响通道容量的因素是信号多余信息的数量，太多的信息会导致许多不必要的刺激，这时人们又必须对这些信息进行分类和选择，从而影响了接受者解码的效果。但太少的信息也容易使接受者由于缺少信息而导致解码错误或无法解码。也就是说，在教学活动中同时使用视听设备(如多媒体)并不都是有效的；因为同时使用视听设备会使信号的复杂性增加，这样反而使接受者无法注意关键的信号刺激而忽略关键刺激。也就是说，在单位时间内，传播系统只能加工一定量的信息。

影响人们对信号注意的最后一个因素是使用有关的提取线索技术。在教学过程中教师经常使用的“在某一部分提高声调、为某一部分画出箭头、某一部分用颜色强调”等均属于提取线索技术。教育心理学家加涅把这些技术看成是一种必要的学习策略。施克拉姆把引起选择性注意的原因归结为两个方面，一是信号产生刺激的可能性；二是刺激与背景的对比度。例如，为了提取线索，可以为信号增加必要的颜色、扩大信号的大小、用图像加以描述和强调等。但是，一定要注意避免在增加提取线索的同时由于信息负载量的增加而造成的相反效果。

(3)信息传播的背景。瑞奇根据利特迴的观点，将传播发生的背景分为个人之间的、小组中的、机构中的、大众媒体的四种类型。个人之间的交流既可以是公开的，也可以是私下的；既可以是面对面的，也可以是有距离的。个人之间传播的要素也出现在其他传播类型中。个人之间传播的动力主要有七种：各种类型的人际关系、个人之间的需要、向他人呈现自己的方法、人们向他人表明自己的分析方式、人们具有的社会观念、彼此之间的吸引力、彼此之间的冲突。教学活动经常以小组的形式进行，作为教学设计者理解小组之间的相互作用是非常有必要的。在小组传播情景中具有三个特性：相互依赖性、较强的目的性、密集形式的传播。机构是由更多的人员组成的具有层次结构的群体，它对不同程度的专制行为进行操作，并且强调机构内部的合作。机构内部的传播模式很大程度上是由它的结构以及机构或机构成员的需要所决定的。最常见的传播背景是大众传播，它的最大特点是单向、快速，具有少量的反馈。在大众传播中，信息接受者能够控制自己接受信号的可能性。在这种情况下，信息接受者对信息源可信度的认识就是一个最关键的因素。因此，教学设计者就必须考虑信息接受者与信息之间的关系、信息接受者的社会行为规范、信息接受者的态度等。

3. 学习理论

学习理论是研究人类学习的本质及其形成机制的心理学理论，教学设计是为了促进学习者有效地进行学习而创造的一门科学。所以说学习理论是形成教学设计规律最关键的组成部分。当系统理论为大规模的教学设计指明方向之后，学习理论便为教学设计提供了具体的指导。教学设计要根据学习者的学习需要，为学习者确定不同的教学目标，制定不同的教学策略，选择不同的教学媒体，设计不同的实施方案，以实现促进学习者学习，提高教学质量的目的。

(1)学习的内涵及学习理论的功能。①学习的内涵。“学习”作为学习心理学中的一个术语，其内涵与人们日常生活中所理解的有所不同。我们日常所理解的学习是泛指人的行为改善，而学习理论中所讲的学习是泛指有机体因经验而发生的行为的变化。不同学派的学习理论对学习有不同的理解和认识。例如，学习是指刺激—反应之间联结的加强(行为主义)；学习是指个人认知结构的改变(认知学派)，等等。这些定义从不同的角度揭示了学习的性质。一般来说，“学习是指学习者因经验而引起的行为、能力和心理倾向的比较持久的变化。这些变化不是因为成熟、疾病或药物引起的，而且也不一定表现出外显的行为”。也就是说，这种变化持续的时间不是短期的而是长期的；是学习者大脑中知识内容结构的变化或行为的变化；这种变化的原因是学习者的经验变化造成的，而不是由于成熟、疾病、药物等引起的。因此，教学设计就必须优选恰当的技术、工具和方法等，帮助学习者获得知识和能力的持久变化。

②学习理论的功能。学习理论给研究者提供了学习领域的知识以及分析探讨和从事学习研究的途径和方法。学习理论对有关学习法则的大量知识加以归纳和概括，使其进一步系统化、条理化和规范化，以便学习者掌握。学习理论解释学习的发生和发展过程，说明为什么有的学习者学习能获得良好的效果，有的则效果不佳。

学习法则告诉人们的是“应该如何”学习，而学习理论则揭示了“为什么”要这样学习，而不要那样学习的原因。学习理论阐述了学习的基本规律，它主要阐明了学习的哪些方面的问题值得研究和探讨？哪些自变量应受到控制？哪些因变量应予以分析？可以选用哪种方法和技术？等等。教学设计必须遵循学习的基本规律，才能有效地创设学习情境，科学地促进学习者的学习。总之，学习理论是人们对学习问题进行科学研究的指南。教学设计必须建立在学习理论基础之上。

(2)行为主义学习理论与教学设计。在20世纪前半叶，在学习理论中占统治地位的是“行为主义”观点，它把学习所引起的变化看成是行为相对持久的变化。随着时代的发展，行为主义理论也经历了产生、发展、完善的过程，在它的发展过程中，具有代表性的理论有：巴甫洛夫的经典条件反射、桑代克的学习律、斯金纳的操作条件反射等。

斯金纳的操作条件反射理论的诞生和发展标志着行为主义学习理论发展的鼎盛时期，也就是说行为主义学习理论在这个时期对教学设计产生了巨大的影响。例如，行为目标、可操作式测量方法(如多项选择)等。目前，人们对学习的认识和兴趣已远远地超出行为主义学习理论的界限，但是行为主义学习理论对许多重要的学习现象所作的研究和结论仍然是教学设计的重要理论基础。行为主义者认为，当学习者对某种特殊的刺激作出适应的反应时就表明产生了“学习”。这种刺激与反应的联结是行为主义学习理论的要点。

行为主义学习理论虽然在解释学习行为方面取得了卓著的成就，但也有一定的局限性。它只注意了学习变化的可观察性，没有考虑学习过程中的思维过程、心理状态以及一些无法通过行为直接观察到的心理现象。

(3)认知派学习理论与教学设计。近年来，认知学派的学习理论在教学设计中逐渐占据越来越重要的地位。认知学派的学习理论与行为主义学习理论不同，它更强调学习者内部的因素，而不像行为主义学习理论那样只注重学习环境对学习的影响。认知派学习理论认为：学习中存在着不同水平的认知过程，学习的积累及其恰当与否取决于学习者已有的认知结构；学习是知识在头脑中不断组织和表征的过程，它是一种积极的构建过程。它是通过对学习者认知结构和认知过程所作的假说来解释和说明学习过程的。认知结构和认知过程是指教学刺激与学习者之间相互作用的结果和过程。认知学习理论提出了一系列与教学设计相关的认知概念和加工信息的技术。这种理论认为，实践活动不仅具有联系和强化的功能，更重要的是它能够加快信息的存储速度，构建新的认知结构。这对教学设计中如何设计学习者的学习，提供了强有力的理论依据。还有奥苏伯尔、诺瓦克等人在学习理论中倡导的先行组织者，能够帮助明确教学单元的教学目标，为学习者提供学习的背景，协助学习者了解他们原有的相关知识等。这些问题在教学设计过程中都必须加以考虑。

4. 教学理论

教学理论是为解决教学问题而研究教学一般规律的科学，因而教学理论成为教学设计的直接理论来源。教学理论为教学设计提供了科学依据，教学设计的产生也是教学理论不断发展的结果。

(1)教学时间对教学效果影响的研究。这方面的研究比较著名的是布鲁姆的掌握学习理论。其中，关于成绩的正态分布与偏态分布的研究对教学设计的影响较大。布鲁姆认为，即使学生的能力倾向是正态分布的，而且确实与学生的学习水平有关，那么，只有在给所有学生完全同样的教学(同样的教学时数、教学质量以及学生用于教学的时间）的情况下，并采取适当的测量方法，学习成绩最终才有可能呈现正态分布。如果学生的能力倾向呈正态分布，而教学的种类和质量、学生用于学习的时间量都是和每一个学生的特征相适应的话，那么，“大多数学生（也许超过90%）都能掌握我们所要教给他们的东西”（布鲁姆）。若学生的学习成绩呈现偏态分布，在教学设计时，应尽量安排足以使学习者掌握学习内容所需要的时间，应使学习者在学习上积极地花费时间，应加强学习者的个别辅导，应改进教学内容使学习者在设计的时间内能够掌握这些学习内容，提高学习者的学习能力。

(2)对学习任务的研究。在学习任务的研究中，教学理论注重学习发生过程的研究，而很少研究影响学习的变量。比较有影响的是布鲁纳的教学模式和加涅的教学模式。

布鲁纳从学习者的特点出发，认为教学理论应包括：唤起具有动机的学习实验；探索达到知识结构化的方式；探明教学过程的最佳顺序；明确教学过程中采取奖励和惩罚的步骤和性质四部分。由此，知识可以用三种方式呈现给学习者，这三种方式也说明了学习者形成知识的顺序和方式。呈现知识的第一阶段是行为把握，即依靠动用手足去把握对象；呈现知识的第二阶段是图像把握，即以映象的方法去把握对象；呈现知识的第三阶段是符号把握，即用语言、数量等抽象形式去把握对象。这种观点对如何设计教学内容的呈现序列具有重要的参考价值。

对教学设计影响最大的是加涅的有关教学思想。加涅认为，设计教学的最佳途径，是根据所期望的教学目标来安排教学工作，其原因是教学是为了特定的教学目标的分类，实际上也就是对学习的最终结果的分类，即根据学生在学习后所获得的各种能力来分类。在设计教学之前，必须先确定学生要习得哪些能力。加涅提出了五类学习结果；一是理智技能；二是认知策略；三是言语信息；四是动作技能；五是态度。这五种学习结果，为教学设计中如何考察教学情境及其限制因素提供了明确的方向，也为教学设计的途径和步骤提供了理论支持。在此基础上，加涅进一步提出了教学活动的具体化。他认为，对学习者而言，教学是由一系列精心设计的外部事件所构成的，这些外部事件用以支持学习内部过程的发生和进行。因此，加涅根据认知结构学习理论的信息传播与加工特征，提出了支持学习过程的一系列外部教学事件。加涅指出，教学设计的目的就是要影响学习者学习的内部活动过程。因此，学习的阶段及学习者内部活动过程，都是与教学阶段相一致的。加涅的分析告诉我们，教学设计者要精心周密地安排教学事件，细心巧妙地设计教学环境，有效地促进学习过程的发生和进行。

[案例]

课前准备：四位同学一个自然组，每组准备烧杯、温度计、计时表、酒精灯、三脚支架和加热垫各一个，另外每组发一份印有空白表格的纸和空白二维坐标系的纸各一张。

教师：(打开教室的水龙头，用玻璃杯接一杯水)同学们，玻璃杯中装的是什么？

学生：水。

教师：很好。今天我们这节课要研究的问题就是水在加热过程中温度变化的规律。(教师板书：水在加热过程中温度变化规律的探究)

教师：接下来，请同学们研究一下，水在加热过程中温度的变化有什么规律。首先，我要问问大家，用什么测量水的温度呀？

学生：温度计。

教师：对，用温度计。现在，我们就用温度计来测一测在加热过程中，水的温度是怎样变化的。温度计的使用有几条注意事项，同学们回忆一下。(略)

教师：接下来老师要请每组都来探究一下。酒精灯的使用规范我们也已经学过，同学们一定要注意。(略)

教师：我先讲一下探究过程、方法及注意事项。第一，测量时每隔五分钟测量一次。第二，把测量的数据填在空白表格内。第三，根据表格中的数据，在二维坐标系中标出相应的点。第四，把点连成线，并总结一下温度的变化规律，水温的升高是先快后慢，还是先慢后快。第五，把结论填在二维坐标系下的横线上。好，现在各小组清点实验器材，开始准备实验。注意，请严格按照老师规定的步骤和要求来开展探究活动！

学生开始按照教师的要求操作实验。教师巡视，发现与刚才要求不一致、不规范的地方就指出来，要求学生改正。学生经过实验，数据分析，得出了结论。

[评析]

以上案例摘自任长松编著的《探究式学习——学生知识的自主建构》“水在加热过程中温度变化规律的探究”的一部分。从以上案例的教学设计可以看出：学生探究过程中自主性的丢失导致了探究式学习灵魂的丧失。教学设计者是无意识的想方设法地用探究式学习的理念去适应传统的接受式的课堂实践，结果导致了互不匹配的理论与实践。在新课程实施中，实践者总是保持传统的惯性，新的理念经常被加到原有的设计框架中。结果，本应强调学生自主建构的探究式学习，变成了完全由教师独自把持和严格控制的探究活动。这种与探究式学习本质相对立的他主探究活动，是当前实践中的课程文化对新的探究式学习理念的曲解和臣服。

[活动]

教学设计和备课有什么区别？

传统的教学结构导致了充斥等级观念、冷漠、缺乏自信、感情依赖、智力依赖和混乱的课堂环境；所教的内容脱离情景；很少教给学生事物之间的联系，而只是一些知识的片断；当铃声响起的时候，学生不得不停下手中正干的事，不管他们在做什么，转入下一堂课的学习；学生不断地受到评价、判断、监督，很少有私人空间和时间。

——约翰·高顿

二、教学设计的理论模式

在具体的教学设计过程中，由于设计者依据的理论出发点不同，面临的教学任务、教学情境各异，因而采取的设计方法和步骤就会有一定差异，这种差异进而导致了许多教学设计模式的产生。就目前情况来看，比较有影响的教学设计理论模式主要有以下几种。

1. 系统分析模式

系统分析模式将教学过程看作是一个输入(input)—产出(output)的系统过程，“输入”是学生；“产出”是受过教育的人。这一模式强调以系统分析(systems analysis)的方法对教学系统的输入—产出过程及系统的组成因素进行全面分析、组合，借此获得最佳的教学设计方案。为进一步完善这一设计模式并使之更富有操作性，心理学家加涅和布利格斯提出了系统分析模式应遵循的10个基本步骤：

(1)分析和确定现实的需要；

(2)确定教学的一般目标及特定目标；

(3)设计诊断的或评估的方法；

(4)形成教学策略，选择教学媒体；

(5)开发、选择教学材料；

(6)设计教学环境；

(7)教师方面的准备；

(8)小型实验，形成性评价及修改；

(9)总结性评价；

(10)系统的建立和推广。

这一模式的基本特点是将教学设计建立在对教学过程的系统分析基础上，综合考虑教学系统的各种构成要素，为教学系统“产出”的最优化寻求最佳的设计方案。

2. 目标模式

目标模式是由美国教学设计专家迪克和科里提出的。目标模式与系统分析模式的设计程序基本一致，它也强调系统分析、系统设计，所不同的是它不从输入—产出的工程学角度看待教学系统，它强调以教学目标为基点对教学活动进行系统设计，以达成教学目标为基本目的。这一模式的基本程序有9个步骤：

(1)确定教学目标。确定教学目标即根据总目标确定教学的行为目标，行为目标应对学生学习活动的预期结果、课程中的重点、难点及其他特殊要求有明确规定。

(2)进行教学分析。确定教学目标后，要通过对目标的进一步分析，确定学生应掌握的各种知识、技能和技巧，并确定掌握某种技能技巧的过程或步骤。

(3)分析学生的现实发展水平。准确把握学生的现实发展水平，是教学取得成功的重要基础。学生的现实发展水平主要指学生已有的知识、能力水平，学习准备状态和一般的身心发展特点，这些情况都是教师必须预先予以认真分析和准确把握的。

(4)列出操作目标。在完成前三项工作的基础上，教学人员要进一步列出具体的、可供操作的目标，亦即对已确定的教学目标作进一步分解和细化。

(5)确定测验项目的参照标准。这项工作要求以教学目标为依据，设立测验评价的参照标准。这些参照标准的好坏要用目标来衡量，并且测验项目的要求与目标所陈述的行为类型应有关联。

(6)确定教学策略。为达成预定的目标，教师必须考虑采用何种教学策略和方法来有效实施教学。

(7)选择教学材料。这项工作要求教师根据教学需要，合理选择和利用有用的资源，如教学材料、学生学习指南、教师指导书和试卷等。

(8)进行形成性评价。在构思了一个完整的教学方案之后，还需要作出一系列评价，以便对方案进行调整和修改。教师或教学设计人员可以从以下三类形成性评价中获得有益的反馈，即个体的评价、小组评价和学科评价。

(9)修正教学。根据形成性评价所得到的资料，可以发现教学中的不足之处，从而修正教学方案。这一模式的基本特点是强调教学目标的基点作用，设计过程系统性强，设计步骤易于操作。

3. 过程模式

过程模式由美国新泽西州立大学肯普教授提出的。这一模式与目标模式的主要区别在于它的设计步骤是非直线型的，设计者根据教学的实际需要，可以从整个设计过程中的任何一个步骤起步，向前或向后。过程模式的设计步骤主要有以下几项：

(1)确定教学目的和课题。主要是解决在教学中想要完成什么样的问题。

(2)列出学生的重要特点。如学生的一般特征、能力、兴趣和需求等。

(3)确定学习目标。

(4)确定学习目标的主题内容。主要是将学习目标具体化和操作化，如列出所学的事实、概念、原理等。

(5)预测学生已有的学习准备状况。如已有的知识经验水平和学习能力等，以便为学生的学习导向、定步，以及对教学方案的内容作必要修改调整。

(6)构思教学活动，选用教学资源。主要是确定完成教学目标用什么样的教学方法和教学资源最合适。

(7)评定学生学习，评价和修正教学方案。这一模式的基本特点是灵活、实用，教学设计人员可以根据教学情境的需要有侧重地设计教学方案。

[活动与训练]

请选择一个课题依据教学设计的理论模式进行教学设计，并进行评价。

专题三　教学设计的前端分析

［序幕］

在传统的教学过程中，教师也在进行着教学设计，即教师为上课而进行的一系列课前准备工作(备课)。传统教学中的备课一般概括为“三备三写”，“三备”指备教材、备学生和备教法；“三写”指写学期或学年教学进度计划、写课题或单元教学计划和写课时计划或教案。“备教材”主要是指教师钻研教学大纲、教科书和教学参考资料。教师一般根据教学大纲确定教学目标，根据教材分析教学内容，依据教学内容确定教学顺序，教师无权选择教材。“备学生”教师主要考虑的是教学任务，对学生的初始状态考虑得不够。总是以中等水平的学生为教学的起点，以课堂教学的形式和讲授的方法进行。“备教法”教师只重视教法的准备而忽视了学生的学法考虑。总之，传统教学要求学生从同一起点出发，使用统一的教学大纲，采用统一的教材，在统一的教学目标指引下，进行着统一的教学活动。在这种教学理念的影响下，教学质量难以提高。

在系统理论指导下的教学设计最大程度地摆脱了传统教学思想的束缚，树立了崭新的教学理念，突出了学习者在学习过程中的主体地位。教学设计以学习者为中心，以学习者的“学”为出发点，充分体现了学习的内在规律。教师在系统理论指导下的教学设计不仅要根据课程和教材确定教学目标，而且还要根据学习者的学习能力和水平以及客观条件来阐明教学目标。同时还要按照教学目标的要求和学习者的实际情况挑选教材，甚至自编教材。要根据学习者的不同初始状态安排不同的教学活动；要根据学习者的不同学习特征选用不同的教学方法；要根据学习理论的原则安排教学内容的顺序；要根据学习者掌握学习内容所消耗的时间的不同作出教学活动安排。要以传播理论为依据选用教学媒体。总之，教学设计是在全新的教学理念指导下，以系统理论、传播理论、教学理论和学习理论为基础，针对传统教学的弊端提出来的一种新的分析和解决教学问题的系统方法。

（资料来源：张海珠．生物学教学设计论．北京：科学出版社，2004.）

[问题与讨论]

教学设计的分析在教学设计中起什么作用？为什么在教学设计中首先要进行教学设计分析？教学设计的前端分析包含哪些内容？

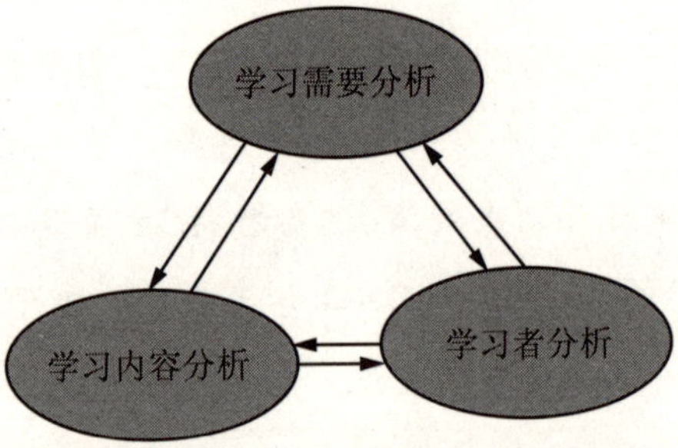

学习需要分析、学习内容分析、学习者分析
构成教学设计的前端分析

■ 一、学习需要分析

1. 学习需要分析的概念

(1)学习需要的概念。学习需要在教学设计中是一个特定的概念，是指学习者在学习方面目前的状况与所期望达到的状况之间的差距。也就是说学习需要是学习者目前与期望学习者达到的水平之间的差距。目前的状况是指学习者在能力素质方面已经达到的水平。期望达到的状况是指学习者应当具备什么样的能力素质。而差距揭示了学习者在能力素质方面的不足，指出了学习者在学习中实际存在的问题和将要解决的问题。差距就是学习需要，有差距就有教学的必要。

学习需要＝期望达到的学习状况－目前学习状况

(2)学习需要分析的概念。学习需要分析是分析学习者目前学习状况与期望学习者达到的学习状况之间的差距。目前学习状况是指学习者在能力素质方面已经达到的水平。期望学习者达到的学习状况是指学习者应当具备什么样的能力素质。而差距揭示了学习者在能力素质方面的不足，指出了学习者在学习中实际存在的问题和将要解决的问题。差距就是学习需要，有差距就有教学的必要。

[问题与讨论]

学习需要分析的目的是什么？学习需要分析有哪些方法？为什么说学习需要分析的最后一步是建立总的教学目标？

2. **学习需要的类型**

(1)标准的需要。标准的需要是通过把一个对象与某种既定的标准进行比较所确定的需要。既定的标准包括各种统一的教学大纲、考试标准和国家各种类型的标准测试，例如：会考、高考和国家认可的教学大纲、课程标准，等等。当学习者的行为达不到标准时，标准需要就产生了。要确定标准需要，首先要获取标准的数据资料和准则，如教学大纲、课程标准、考试大纲、标准分数线等；其次是收集学习者与标准相比较的数据资料；最后是比较后得出标准需要。

(2)比较的需要。比较的需要是通过同类个体或集体通过相互比较而显示出来的差距。是把对象组(如班级、小组)与其他被认为是规范的或优秀的群体相比较而确定的需要。这种比较必须注意条件的可比性。要确定比较需要，首先要确定比较的领域，即比较学习成绩，还是比较环境设施？是比较师资水平，还是比较学生素质？其次是收集比较双方在比较领域的数据资料；最后是确定比较双方的差距。

(3)感到的需要。感到的需要是一种个人的渴望和需要。是个体必须改进自己的行为或改进某个对象的行为的需要和渴望。它显示的是行为或技能水平与渴望达到的行为或技能水平之间的差距。例如，有的学习者为了改进自己的科学实验操作能力，而产生了改进自己的科学实验操作能力的需要。

(4)表达的需要。表达的需要是个体要把感到的需要表达出来的一种需要。例如，某某班准备成立几个课外活动小组，请学生将自己想参加的课外活动小组的名称填在登记表上，这就是一种表达的需要。要确定表达的需要，首先要收集数据资料，从收集的数据资料中获取所需信息，然后确定表达的需要。

(5)预期或未来的需要。预期或未来的需要是明确未来将会发生的变化，是一种预测、估计，它关系到未来发展的趋势或导向。例如，假设某种手工操作的技能可以被计算机控制的技能所代替，那么，教学设计中就可以把它看成是预期和未来的需要。

(6)批评性事件的需要。它是一种很少发生但却会引起重大后果的失误的需要。这种需要主要通过分析潜在的问题而获取，也可以通过提出假定性的问题来确定。例如，实验中有毒药品喷洒出来，蟾蜍的毒液喷出等，必须进行培训。

3. 学习需要分析的目的和意义

学习需要分析的目的，首先是发现学习者学习中存在的问题；其次是分析问题产生的主要原因，确定解决该问题的方法和途径；再次是分析现有的教学资源，论证解决该问题的可能性；最后是分析问题的重要性，确定优先解决的问题。学习需要分析就是要分析“为何教”的问题，即“用问题找方法”，而不是“用方法找问题”。也就是说，学习需要分析有利于处理手段与目的的关系。在学习需要分析中，发现教学中的问题，寻找问题产生的原因，找出问题解决的方法是学习需要分析的重要任务。也就是说，学习需要分析有利于解决教学中的主要问题。

4. 学习需要分析的过程

(1)学习者是否达到了教学目标的要求。教学目标源自课程目标或各种特定的要求。通过系统观察、标准测验对学习者行为进行评估，明确学习者实际行为与所要求的教学目标之间的差距。如果大多数学习者达到了教学目标的要求，说明教学目标是符合实际的。如果大多数学习者未达到教学目标的要求，说明教学目标制定得太高，这就找到了问题所在。

(2)教师的教学能否吸引人。教师上课前设计的课型、教学顺序、教学形式、教学活动、教学方法是否能提高学习者学习的动机、兴趣、耐力？如果教学缺乏对学生的吸引力，教学就不可能激发学生学习的动机和兴趣，更不可能使学生产生对学习的主动追求，教学不可能成功。

(3)使用的传送信息的方法是否有效。由于使用的传送信息的方法不恰当使部分学生达不到教学目标，这时教师往往在课外，花费大量的时间和精力为学生补课，通过增加时间、精力和消耗其他教学资源来提高教学质量的方法是教学中的极大浪费。“堤内损失堤外补”的做法违背了教学过程最优化的思想，同时也增加了教师和学生的负担。教学设计者就要考虑改变教学的传送信息的方法，提高教学的效率。

(4)教学能否使学习获得成功。通过教学使不同的学习者获得学习上的成功，是教师的重要任务。如果学习者获得了学习上的成功，学习者心理上就会产生一种胜任感，增强自我效能。

[练一练]

选择一节课的教学内容，进行学习需要分析。

5. 学习需要分析的方法

(1)内部参照需要分析方法。内部参照需要分析方法是由学习者所在的组织机构内部以已经确定的教学目标对学习者的期望与学习者学习现状作比较，找出两者之间的差距，从而鉴别学习需要的一种分析方法。这种方法是以接受既定的目标作为期望值来分析学习需要的。

[练一练]

以小组为单位，通过分析《课程标准》，制订一个用访谈的方式进行学习需要分析的方案。

(2)外部参照需要分析方法。外部参照需要分析方法是根据机构外的要求来确定学习者的期望值，以此为标准来衡量学习者学习的现状，找出差距从而确定学习需要的一种分析方法。这种方法是以社会目前和未来发展的需要为准则和价值尺度来分析学习需要的。

[练一练]

以小组为单位，用问卷调查的方法，对学生的“探究性技能”进行学习需要分析。

二、学习内容分析

1. 学习内容分析的概念

学习内容是指为实现教学目标要求学生系统学习的知识、技能和行为经验的总和。学习内容分析就是对学生从初始能力转化成教学目标所规定的能力所需要学习的所有从属先决知识、技能和态度，以及它们之间的纵向和横向的关系进行详细剖析的过程。通过学习内容的分析，我们将规定达到教学目标所需要的学习内容的广度、深度、结构和各组成部分的内在联系。学习内容的广度指学生必须达到的知识和能力的范围；学习内容的深度指学生必须达到的知识深浅程度和能力的水平。结构指内容的构成要素和内容各部分之间的联系。学习内容的广度和深度与“教什么”有关，学习内容的结构与“如何教”有关。学习内容的分析既影响教师对课程的把握，也影响学生的学习水平；既影响教学目标的设计，也影响教学方法、教学媒体的选择。只有正确、系统地分析教学内容，才能获得最优化的教学。

2. 学习内容分析的内容和意义

对学习内容的分析主要是对学习者的起点能力转化为终点能力所需要的从属知识、技能和态度等进行详细的阐释。学习者的起点能力是指学习者在教学活动之前具有的知识、技能和态度；学习者的终点能力是指通过一个时期的教学活动后学习者形成的知识、技能和态度。学习内容分析的主要内容有：分析学习内容的类型；分析学习内容的广度和深度；分析学习内容的结构；了解学习内容分析的方法和过程。对学习内容进行分析有助于科学准确地确定教学目标；通过学习内容的广度和深度分析可以明确教师应该“教什么”学生应该“学什么”；通过学习内容的结构分析可以揭示学习内容各组成部分之间的关系，为教学顺序的安排奠定基础，同时也为教师“如何教”，学生“如何学”提供指导。

3. 学习内容分析的方法

(1)归类分析法。归类分析法主要是对学习的信息进行分类的方法。一般是指鉴别为实现教学目标而需要学习的知识点，并将知识点按事物的基本构成、结构层次和具体抽象的程度分类的方法。

［案例］

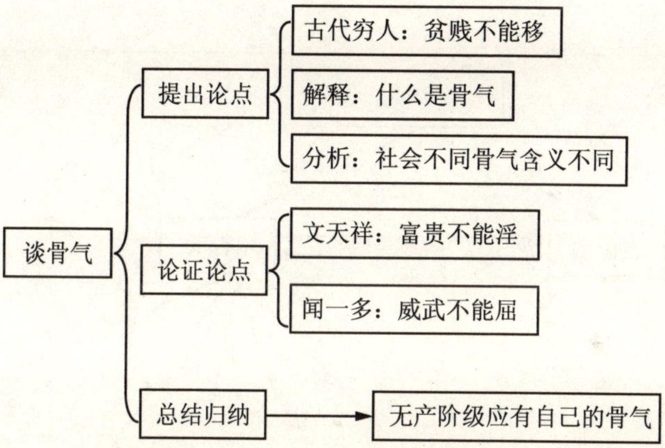

归类分析法——谈骨气（山西临汾临钢小学　韩晓霞提供）

(2)图解分析法。图解分析法是一种用直观形式揭示学习内容构成要素及其相互联系的内容分析方法，用于对认知学习内容的分析。其结果是一种简明扼要、提纲挈领地从内容和逻辑上高度概括学习内容的一套图表和符号。

［案例］

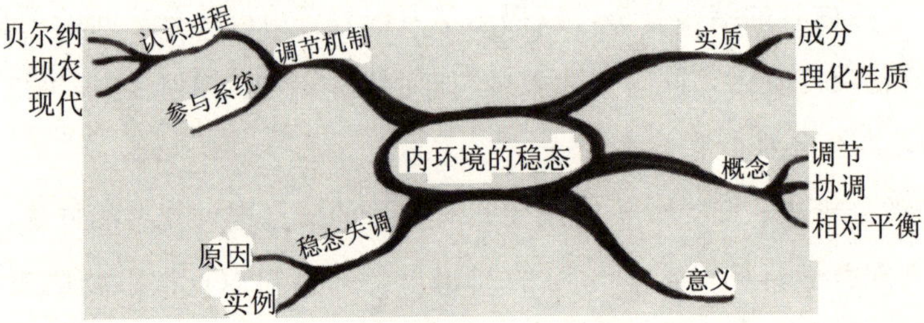

图解分析法（思维导图）——内环境的稳态（山西运城垣曲中学　赵浩华提供）

［案例］

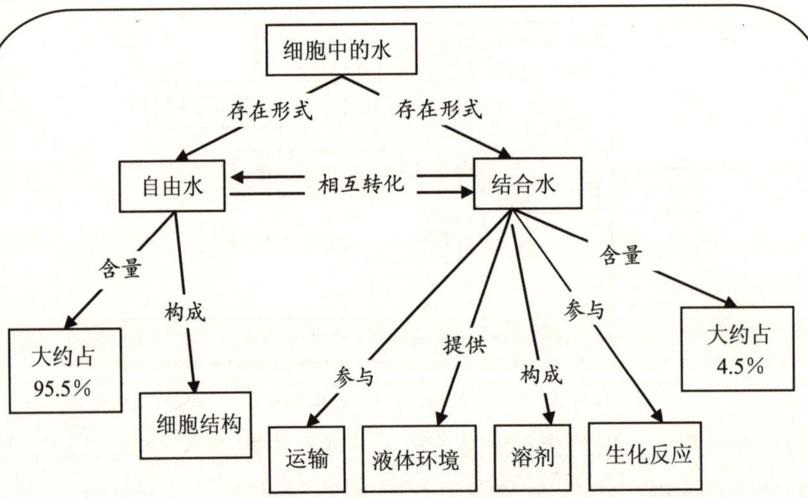

图解分析法（概念图）——细胞中的水（山西师范大学　麻晓瑜提供）

(3)层级分析法。层级分析法是用来揭示教学目标所需掌握的从属技能的内容分析方法。一般是从已确定的教学目标开始分析，分析学习者要获得教学目标规定的能力，必须具有哪些次一级的从属能力？而要培养这些次一级的从属能力，又需具备哪些再次一级的从属能力？依次类推……其特点是：各级层次清楚，从属关系强。

(4)信息加工分析法。信息加工分析法由加涅提出，是将教学目标要求的心理操作过程揭示出来的一种内容分析方法。通过对学习内容的分析，可以确定出学习者所需学习内容的范围和深度，并能确定内容各组成部分之间的关系，为教学顺序的安排奠定基础。

(5)卡片法。教学内容分析的工作细致复杂，常有必要对学习内容的分析结果进行修改、补充或删除。因此，需掌握一种计划技巧，较有效的计划技巧是使用卡片法。卡片法可以将教学目标和各项学习内容分别写在各张卡片上，并对它们的关系进行安排，经讨论修改后，再转抄到纸上。使用卡片法的主要特点是灵活，形象直观。既可以随时修改并调整内容深度、广度以及它们之间的关系，又便于讨论时交流思想。

(6)ISM结构分析法。ISM(Interpretative Structural Modeling)结构分析法是为了解释由复杂的因素构成的社会系统的结构而开发的方法。在研究教学系统结构的对象时，它是一种有效的方法。它可将系统中各要素之间的复杂、零乱关系分解成清晰的多级递阶的结构形式。当我们分析的各个知识点不具有简单的分类学特征，或者其中的概念从属关系不太明确，也不属于某个操作过程或某个问题求解过程时，要想通过上面所述的几种方法直接求出各个知识点之间的关系是很困难的，这时适合使用ISM结构分析法。

[阅读链接]

ISM结构分析法的分析顺序：

(1)抽出因素(列出知识点)。

首先从学习内容(教科书或其他教学资料)中找出与目标和课题有关的因素(知识点)，一一列出来。知识点用“S”表示。假设这一部分内容中有9个知识点，则用S1、S2、S3、S4、S5、S6、S7、S8、S9表示。

(2)分析各因素(知识点)之间的关系。

各知识点之间的关系用上位知识和下位知识来表述，上位知识和下位知识的“上”和“下”是相对的，下位知识指基础知识。两者之间的关系用箭头表示如下：上位知识写在上方，下位知识(基础知识)写在下方。

S1　　S2　　S3　　S4　　S5　　S6　　S7　　S8　　S9

S3　　S5　　S2　　　　　　　　　　　S1　S8　S4　S6　S8

(3)制作知识结构矩阵图，找出层级。

制作知识结构矩阵图。制作矩阵图时，当矩阵图中的列代表的下位知识与矩阵图中的行代表的上位知识有联系时相交的一点用“1”表示，否则用“0”表示。作出的图如下：

上　位　知　识

		S1	S2	S3	S4	S5	S6	S7	S8	S9
	S1	0	0	0	0	0	0	1	0	0
	S2	0	0	1	0	0	0	0	0	0
下	S3	1	0	0	0	0	0	0	0	0
位	S4	0	0	0	0	0	0	0	1	0
知	S5	0	1	0	0	0	0	0	0	0
识	S6	0	0	0	0	0	0	0	1	0
	S7	0	0	0	0	0	0	0	0	0
	S8	0	0	0	0	0	0	1	0	1
	S9	0	0	0	0	0	0	0	0	0

在知识结构矩阵图中找出全是 0 的行，如第 7 行，它代表第 7 个知识点不是所有知识点的前提，也就是说“学习所有的知识点时都不需要第 7 个知识点作为基础”。这样，我们就可以把第 7 个知识点定为最高(第一)层级的知识点，用 L1 表示。同样的道理找出 S9 也是第一层级的知识点。也就是说 L1 包括 S7、S9。然后把第 7 行、第 9 行、第 7 列、第 9 列删除，组成一个新的结构图。

	S1	S2	S3	S4	S5	S6	S8
S1	0	0	0	0	0	0	0
S2	0	0	1	0	0	0	0
S3	1	0	0	0	0	0	0
S4	0	0	0	0	0	0	1
S5	0	1	0	0	0	0	0
S6	0	0	0	0	0	0	1
S8	0	0	0	0	0	0	0

依次类推找出第 2、第 3……层级。　L2 包括 S1　S8

L3 包括 S3　S4　S6

L4 包括 S2

L5 包括 S5

(4)列出层级关系。

L1	S7　S9
L2	S1　S8
L3	S3　S4　S6
L4	S2
L5	S5

(5)根据经验确定教学顺序。

确定了 6 种教学顺序，根据经验任选一种。

S5 → S2 → S3 → S1 → S4 → S6 → S8 → S7 → S9

S5 → S2 → S3 → S1 → S6 → S4 → S8 → S7 → S9

S4 → S6 → S8 → S9 → S5 → S2 → S3 → S1 → S7

S6 → S4 → S8 → S9 → S5 → S2 → S3 → S1 → S7

S5 → S2 → S3 → S1 → S4 → S6 → S8 → S9 → S7

S5 → S2 → S3 → S1 → S6 → S4 → S8 → S9 → S7

三、学习内容分析的步骤

1. **知识点的分析**

知识点是学习内容中所包含的知识类型，也就是说学习内容中都包含哪些方面的知识。要进行课堂教学设计，必须能将学习内容中的知识点抽出来。明确知识点的数量和范围。对每个知识点进行目标分析。

[案例]

“不按教材教”的实习教师：

王老师是一名实习支教历史老师，学科知识丰富，支教热情高。在上学期间，每门功课都在75分以上，学科知识学得非常扎实。在实习期间，为了给学生上好课，每天查资料到深夜，拓展性的知识查了一箩筐。由于查找的内容越来越多，上课的时间越来越觉得不够。本来一学时的课三个学时都上不完，眼看着期末快到了，还有很多内容没讲，着急得老上火。向学校领导申请了好几次周末无偿补课，学校领导都没批准。王老师觉得困惑，支教的热情也慢慢降低。

[讨论]

王老师的问题出在里儿?

2. **知识类型的分析**

知识类型不同，教学目标不同，教学方法不同，教学媒体不同，教学过程不同。对每个知识点的类型进行分析。准确的预定每个知识点要求学生所达到的教学目标。明确学生学习内容的范围和深度。

[阅读链接]

依据知识的性质来划分主要包括四大类

事实性知识：描述具体事实或现象的感性知识。

方法性知识：组织、处理和研究各种事实和现象的基本方法、技术和准则的知识。

概括性知识：把各种事实、现象以及观念等组织起来的知识。

应用性知识：将方法性知识和概括性知识转化为指导具体实践活动的知识。

依据现代认知心理学理论来划分主要包括三大类

陈述性知识：指个人具有的有关世界是什么的知识。

程序性知识：指关于“怎么办”的知识。

策略性知识：指关于“如何学习”的知识。

3. 教学重点和教学难点的分析

(1)教学重点的分析。重点是教材中最重要的、最基本的中心教学内容。课时重点知识是一节课中最本质、最重要的知识内容；是这节课的核心和基础；是教师组织教学的主要线索；是课堂教学过程中师生共同的主攻方向。

[阅读链接]

重点知识的判断依据：

重要的事实

共性的知识

概括性和理论性比较强的知识

与学生的生活联系比较紧密的知识

具有经济价值的知识等

(2)教学难点的分析。难点是指学生比较难于理解的和不容易掌握的内容。难点内容不能一概而论，它随着学生的年龄、知识水平和生活经验的不同而不同。对于同一个知识点来说，城市中学是难点，乡村中学就不是难点；普通中学是难点，重点中学就不是难点。在大多数情况下，教学内容的重点和难点是相同的。但是，有时候难点不一定是重点，重点也不一定是难点。当重点和难点相同时，在教学过程中必须先突破难度才有利于重点的解决。如果难点与重点无关，难点不必花费太多的时间。难点内容的分析有助于教学时间的安排。

[阅读链接]

难点知识的判断依据：

太抽象的知识

离生活实际太远的知识

过程太复杂的知识

理论太深奥的知识等

4. 章节教材分析

章节教材分析是指分析教科书章节的内容。这项工作是在钻研教学大纲，“通读”教材的基础上“熟读”和“精读”教材的过程。包括剖析教材体系结构，掌握知识教育的内容；分析教材内在的逻辑系统性；分析教材中联系实际的因素；分析教材中发展学生智力，培养学生能力的内容；分析教材中思想教育的内容。

缺乏经验的老师不会利用课本，经验丰富的老师往往会超越课本。

[阅读链接]

生物学章节教材分析的内容：

①剖析教材体系结构，掌握知识教育的内容。剖析教材体系结构分为整体的剖析、单元的剖析和课时的剖析三个层次。剖析教材结构的目的在于认识教材的组成，明确知识的要求。任何一部分教材均是由一定的知识所组成的，这是根据教育的原则所决定的；但它们又不是与其他教材割裂的，而是由浅入深，呈螺旋式上升的。就是同一个知识点的再次出现，也不是简单地重复，而是每出现一次均提高一个水平，这是由于教育的循序渐进性所决定的。由于生物学知识系统的整体性，在教材中某一知识的出现，必定是在一定的知识基础上提出的，并进一步向深度、广度发展。

②分析教材内在的逻辑系统性。分析教材时要明确教材内容逻辑结构方面的联系和认识过程上的联系，因为它反映了知识体系的构成。教师只有在教材内容内在的逻辑系统性上明确了教材的知识逻辑结构形式，才有可能引导学生主动地掌握知识体系，摆脱支离破碎地、孤立无关地、枯燥无味地背诵知识的

状况；只有明确了教材的知识体系，才能找出知识体系中的主导成分，确定教学重点和教学难点。例如，显微镜的使用，总体来讲是比较难的，然而，由于它是认识生物、学习生物知识必不可少的最基本的仪器，在教学进度上不允许后移，必须在生物学教学的开始阶段进行学习，在教材编排上安排为生物学科的第一个实验内容，但是对学生的要求不高，除要求学生认识其结构外，只要求学生初步掌握显微镜的使用方法，在以后的使用过程中才要求逐步练习使用。

③分析教材中联系实际的因素。中学生物学教学中贯彻理论联系实际的原则是十分重要的问题，它可以加深学生对生物学知识的理解；可以启发学生与周围各种事物的联系，有利于知识的学习迁移；可以加深学生对社会主义祖国科学成就的认识，从而激发爱国主义热情；也可以培养学生的能力。其实，理论和实际是相辅相成的；没有生物学理论知识，对自然界的认识不会很高；缺少实际的理论则将成为无用的、理解不透的概念或一堆互无关系的名词术语。因此，学生学习生物学理论知识、接受生物学教育的最终目的，不是为学习而学习，也不是为受教育而学习，是要将学习到的生物学知识为祖国的繁荣、强大而服务。学生学习到的生物学知识只有运用到实际生活中去，并指导生活，才是有意义的。因此，基本理论必须通过实际问题来说明；实际问题应该有助于深刻理解和掌握基本理论，并受理论的指导。

④分析教材中发展学生智力，培养学生能力的内容。智力是人认识客观事物并运用知识解决实际问题的能力。能力是人顺利完成某种任务的一种心理特征。生物学能力是学生通过思维活动把生物学基础知识和基本技能结合起来，去分析问题和解决问题的一种思考和行为的综合表现。发展学生智力，培养学生能力，已是当前中学生物学教育教学中迫切需要处理好的问题。有人认为，有了知识就有了能力。这是一种误解。一般来说，知识是发展能力的基础，能力是获得知识的前提。能力是被动的、具有创造性的心理特征，若不经过启发、培养、训练，能力是很难形成的。能力只有在实践和运用中才能得到发展。爱因斯坦说过："单纯的专业知识灌输只能产生机器，而不可能造就一个和谐发展

的人才。”新的技术革命和我国现代化建设事业的迅速发展，要求我们培养的人才应该是知识丰富、能力高强的人。因此，仅仅将“双基”传授给学生已经适应不了教育教学改革形势的要求，而必须在传授“双基”的同时，对学生智力有所发展，对能力有所培养。分析教材时，挖掘发展学生智力，培养学生能力的内容。

⑤分析教材中思想教育的内容。对学生进行思想教育是生物学教育的一个有机组成部分。在生物学科教材中要从学科本身的内在特点去深刻体会对学生进行全面的思想政治教育内容，如生物教学中的唯物主义教育系在宣传唯物主义、宣传无神论。生命科学对学生所进行的思想教育因素更多的是融合在有关生命知识及其基本观点之中，从教材的字句和插图的表面上均不易直接表现出来，而教师则必须深入分析教材。这就需要教师本身从马克思主义的立场、观点、方法出发去认识教材，本着教育要“三个面向”的指示精神去分析教材，才能较好地完成生物学教育教学。在生物学教学中，根据生物学科本身的特点应该注意分析教材中的辩证唯物主义观点、爱国主义和革命理想教育的因素。例如，生物体和环境辩证统一的观点、生物体的部分与整体之间的统一观点、生物体的结构和功能相适应的观点、个体发育与系统发育统一的观点等，均是进行辩证唯物主义观点教育的好教材；像我国丰富的植物和动物资源及其开发利用的成果，我们祖先几千年研究动、植物的悠久历史和成就，新中国成立以来的生命科学的基础研究和工农业医药卫生事业的成就和发展，以及20世纪80年代以来与生物有关的科技工农业生产领域方面的蓬勃发展形势和美好前景等，均是进行爱国主义教育的良好材料。

[案例]

《水中生活的动物》本节教材的知识框架是：首先介绍鱼与水生环境相适应的特点，然后简介其它水生动物，最后强调水域环境的保护。按照强调动物与环境的关系的宗旨，本节的重点是探究鱼适应水中生活的特点。为此，本节教材删去了原教材中占很大篇幅的有关鱼的形态、结构、生理及解剖实验的知识，主要关注鱼的形态、运动和呼吸等方面的内容。在呈现方式上，对于鱼适应水中生活的特点是通过“观察与思考”和“探究”等活动来完成的。由于大幅度删减了原教材的内容，才可能有效地保证让学生有更多的时间去进行探究活动，以达到重点认识鱼适应水中生活的特点这一目的。

[活动与训练]

自选一节课，进行学习内容的分析，画出知识结构图。同学之间互相交流。

四、学习者分析

> 思维教育的对象是人，主要是正在成长的年轻一代，为了保证一定的社会对教育的要求能够顺利地实现，有效地促进年轻一代的身心健康的成长和发展，还必须从年轻一代身心发展的实际出发，适应他们的身心发展规律。诸如教育任务的要求高低，教育内容的多少与深浅，教育方法的选择是否恰当等，都要根据学生的身心发展水平来确定。
>
> ——王道俊，王汉澜《教育学》

教学设计的目的是为了有效促进学习者的学习，而学习者是学习活动的主体，学习者的认知、情感、社会等特征都将对学习的信息加工过程产生影响。因此教学设计是否与学习者的特点相匹配，是决定教学系统设计成功与否的关键因素。进行学习者分析，目的是为了了解学习者的学习准备和学习风格，以便为教学设计提供依据。

1. 学习者认知特征分析

学习者的认知特征以及智力的个性差异决定了学习资料、教学目标、教学方法、教学过程、教学媒体等多方面的选择。皮亚杰的建构主义认识论，详细论述了儿童个体认识发生和发展的过程，是分析学习者认识发展水平的指导理论。他认为："儿童的智慧和道德结构同我们成人不一样。因而新的教育方法应尽一切努力按照儿童的心理结构和他们不同的发展阶段，将要教的材料以适合不同年龄儿童的形式进行教学。"

[**阅读链接**]

教育始于三个基本问题。

(1)学习者应该知道什么？该问题的答案取决于什么样的内容对个人和社会最有益。这就是教育的内容和课程。

(2)学习者如何学习？该问题的答案取决于对个体学习、记忆和知识运用过程的研究。这是教育心理学的核心问题。为了获得更大的启示，我们可以从影响学习的因素——学习者特点和条件综合考虑这个问题。

(3)应该如何教学习者？该问题的答案取决于确定哪些经验、教学策略、活动和教材最能促进学生的学习。这是教育学的核心问题，是教学方法问题。

2. **学习者心理特征分析**

学习者心理特征是指学习者学习有关学科内容时对学习者产生影响的心理特征。它们与具体学科内容虽无直接联系，但影响教学设计者对学习内容的选择和组织。影响教学方法、教学媒体和教学组织形式的选择与运用。学习者的心理特征有其共性，也存在着差异。相同年龄的学习者有大致相同的感知能力和信息处理能力，有相同的智力、心理和语言的发展过程。但是相同年龄的学习者也存在者智商的差异、社会和家庭背景的差异以及先前知识经验和认知成熟程度的差异。目前，教学组织形式是班级授课制，有经验的教师就能深刻地体会到，同一年级的学生虽然在年龄、知识、心理等方面有着共同的特点，但是在自己的教学过程中仍然很难完全适应全班每个学生的学习要求。这是由于他们既有基础知识的参差不齐，也有接受能力、思维能力、分析判断能力、归纳总结能力等的差异。因此，要使教学设计具有较强的针对性和实用性，就必须对学习者的心理特征进行充分的分析。

学生的情感能力使他们学习其他任何东西的先决条件；相较于其认知能力的发展，人们在生活中的成功更多地依赖于他们的情感因素。

——高勒门

3. **学习者起点能力分析**

教学活动和其他活动一样，知道出发点和目的地就能很好地完成这项活动。通过对学习内容的分析已经确定了学习者应该学习和掌握的知识、技能和态度等。也就是说已经知道了目的地，而学习者起点能力的分析就是要确定教学的出发点。心理学认为，学习者起点能力和教学起点的分析是指学习者在从事新的学习时，原有的知识水平和原有的心理发展水平对新的学习的适合性的分析。学习者起点能力和教学起点是新的教学的出发点。学习者在教学活动之前具有的知识、技能和态度一般称学习者的起点能力，通过一个时期的教学活动后学习者形成的知识、技能和态度一般称学习者的终点能力。也就是说，学习者对从事特定的学科内容学习已经具备的有关知识与技能的基础，以及对有关学习内容的认识与态度，相对于学习者来说叫起点能力，相对于教学过程而言叫教学起点。起点能力和教学起点是具有相同内涵，但具有不同指向的一对概念。教学目标的确定是要明确学习者通过学习活动应该形成怎样的终点能力。对学习者进行分析主要是要确定学习者的起点能力。

[案例]

小学四年级学生的一节科学活动课的学习者分析案例：

四年级的小学生生性活泼好动，思维活跃、发言积极、充满热情，喜欢表现自己，具有合作精神，他们普遍对科学课有着浓厚的学习兴趣，对周围世界有与生俱来的探究需要。新课程标准强调课程从学生的学习兴趣、生活经验和认知水平出发，倡导体验、实践、参与、合作与交流的学习方式和任务型的教学途径，使学生逐步领会科学本质，乐于探究，热爱科学，并树立社会责任感；学会用科学的思维方式解决自身学习、日常生活中遇到的问题。针对学生的年龄特点及本课的教学内容，在教学过程中力求创设富有新意的科学探究环境，以灵活新颖的教学形式，调动学生的积极性，使学生主动参与科学知识的学习，培养学生的科学思维能力，体现科学本质。

[活动与分析]

分析案例，并对案例进行评价。

4. 学习者学习风格分析

学习风格是指学习者感知不同刺激，并对不同刺激作出反应这两个方面产生影响的所有心理特征。即学习者在学习过程中经常喜欢采用的某些特殊学习方式、学习策略的倾向。学习者是生活在社会中的人，每个学习者都有自己独特的个性和心理特征。他们在信息接收、信息加工方面有差异，在认识方面有差异，个性意识方面的倾向性有差异，生理结构有差异。另外，他们对学习环境和学习条件的需求也不同。每个学习者都是带着一定的心理、生理结构和认知结构进入学习环境的。在各种学习环境中，每一个学习者都必须自己感知信息，并对信息进行加工。而不同的学习者学习风格不同，对信息的感知和处理就不同。在进行教学设计时，要充分考虑学习者的学习风格，确定不同的学习内容，制定不同的教学目标，选取不同的教学媒体，选择不同的教学方法，使教学达到最优化。

[活动与训练]

请根据如下提纲进行自我分析：

(1)学习教学设计之前，掌握了哪些基础知识和技能？

(2)学习过程中，对哪些学习内容或专业术语存在着疑惑和误解？

(3)对哪些内容存在喜爱或反感的情绪？

(4)喜欢什么样的教学方式与教学媒体？

(5)在教学语言方面，喜欢哪种教学风格？

(6)在完成作业或自学中，你的学习技能水平和学习方法如何？需要多少外部的指导和反馈？

专题四　教学设计

> 教学设计是在教学理论、学习理论指导下，运用系统方法对各个教学环节(教学目标、条件、方法、评价等)进行具体的设计与计划的过程。
>
> ——何克抗

[问题与讨论]

教学设计是对教学目标、教学方法、教学媒体、教学过程、教学评价等进行的设计。它们之间有什么关系？

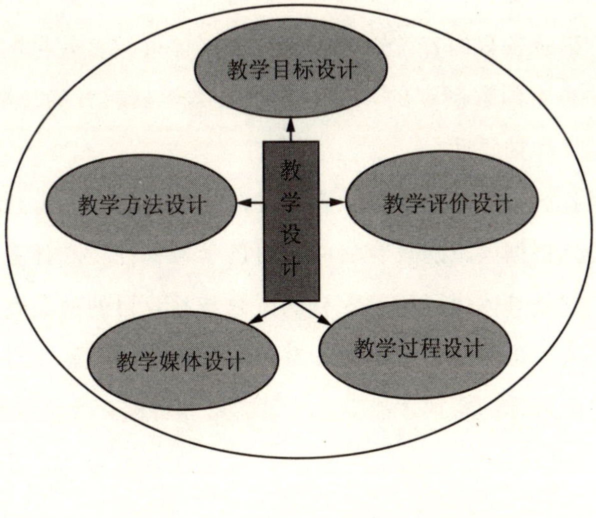

一、教学目标设计

通过教学设计的前端分析确定了总的教学目标，确定了教学的起点，并确定了教学内容的广度和深度以及内容间的内在联系，这就基本确定了教与学的内容框架。教学设计的下一步工作就是确定学习者通过学习每一项从属知识和技能，将达到什么样的行为状态，并将学习者通过学习后所达到的最终行为状态用具体的、明确的、可操作、可测量的目标表述出来，也就是教学目标的设计。

1. 教学目标的概念层次

在我国教育界的专业术语中，“教学目标”的使用比较混乱，容易与教育目的、培养目标混淆。教育目的是一定社会培养人的总要求，是根据不同社会的政治、经济、文化、科学、技术发展的要求和受教育者身心发展的状况确定的。它反映了一定社会对受教育者的要求，是教育工作的出发点和最终目标；也是制定教育目标、确定教育内容、选择教育方法、评价教育效果的根本依据。也就是说教育目的是由国家制定的，是对各级各类学校教育的总的规定和要求，具有高度的概括性和抽象性。

培养目标是各级各类学校根据教育目的制定的、符合一定社会需要的具体要求。也就是说是根据国家的教育目的和自己学校的性质和任务对培养对象提出的特定要求。它是具体化了的教育目的。它与教育目的的关系是具体与抽象的关系。换句话说，培养目标要根据教育目的来制定，而教育目的又要通过各级各类学校的培养目标的实现才能实现，没有培养目标，教育目的就要落空。

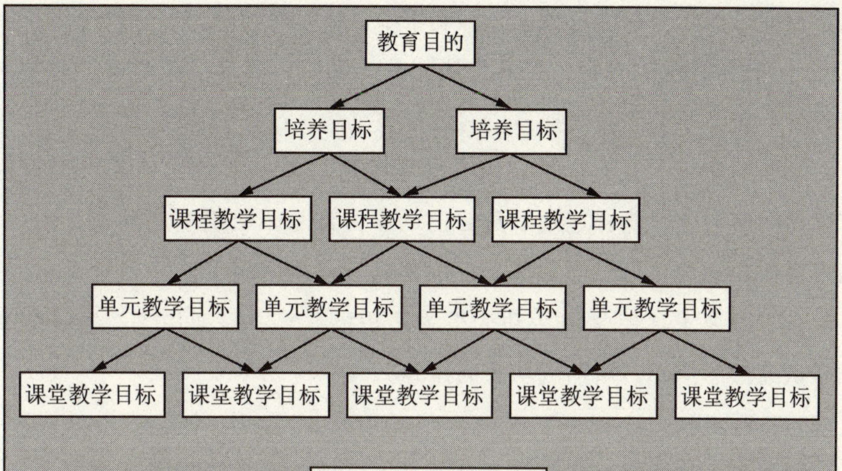

教学目标的概念层次

教学目标是学生通过教学活动后要达到的预期学习结果，可分为课程教学目标、单元教学目标、课时教学目标等不同层次。课程教学目标的确定要考虑教育目的和培养目标，以确保这些要求在课程中得到体现。课程教学目标相对于培养目标来说，它是具体的，就一般而言课程目标应该明确而又清晰。单元教学目标是课程教学目标的子目标，是为课程教学目标的实现服务的。在单元目标里，要说明学习者完成本单元学习任务后能做什么，列出单元教学目标，课程教学目标就具体化了。单元教学目标是对整个单元学习结果的描述，一般说来具有总括性。在教学目标体系中，最具体的、可操作的是课时教学目标。这种教学目标是对学习者通过教学以后能做什么的一种明确、具体的表述。

2. **教学目标的作用**

(1)教学作用。

对教师的作用。首先，在编制教学目标的过程中可以提高教师的理论素养和实践技能。在编制教学目标时不但要有扎实的学科专业知识和相关学科知识，还要有熟悉的教学设计原理、方法和技能。在编制教学目标的过程中，教师通过这些知识的学习和训练可以提高教师的理论素养和实践技能。其次，通过编制教学目标可以优化教学过程。在编制教学目标时教师既要钻研教学大纲(课程标准)，又要分析教学内容、教学方法、教学媒体、教学组织形式、教学对象、教学评价、教学环境等各个要素，有利于整个教学过程的优化。

对学生的作用。首先，可以减少学生的盲目性。学生明确了教学目标后，会有强烈的参与感，能合理地制订自己的学习计划，明确学习重点，减少学习中的盲目性。其次，可以增加成功感的体验。学生明确了教学目标后，能确切地了解学习的要求，使学习活动变得主动积极，学习兴趣加大，学习效果好，增加考试通过的信心，增加成功感的体验。

(2)管理作用。

控制作用。教学目标制定以后，教师、学生、教学管理人员可以通过教学信息反馈，纠正教学活动中的偏差，使一切“教”、“学”活动都围绕着教学目标的实现来进行。避免教学时间、学习时间、教学设备、教学资源、教学经费的浪费。

激励作用。目标作为观念形态的价值意识反映了人的需要，当需要带着清晰而明确的目标和目的意识并延伸到人的行为领域同行为相联系的时候，则形成动机。因此，教学目标制定以后可以激励学生的学习动机，激发学生的学习积极性，使学生产生强烈的学习渴望。但是，教学目标的激励作用是遵循“激励力＝目标效价×目标达成度”这一规律的，“目标效价”是指个人对目标价值大小的评价，教学目标要产生最大的激励效果，就必须使制定出来的教学目标符合学生的需要，使学生认识到通过努力达到目标是有价值的，这样就可以激励学生的学习动机，激发学生的学习兴趣。“目标达成度”是指目标实现的可能性，教学目标制定得太难或太易，对学生的激励作用都会受限，目标太易没有挑战性，学生没有兴趣；目标太难实现不了，学生有挫折感。

评价作用。教学评价是提高教学质量和教师教学水平的重要一环，教学评价的依据是教学目标。教学目标既是教师“教”的目标，也是学生“学”的目标，更是教学管理者教学评价的目标。

3. **教学目标与教学目的的关系与区别**

教学目的是教学活动预期达到的结果，是对教学意图进行的概括或总的说明。教学目标是对达到既定目的的各个方面进行更精确的、更详细的说明。教学目的统领着教学目标，借助于教学目标教学目的才能实现。教学目的的笼统、空泛和模糊要求，使教学评价者很难判断教学目的是否达到，加上个人理解的不同，使操作、评价都有一定的盲目性。所以说教学目的是为开发较详细的目标提供依据，教学目标是为实现一定的教学目的提供可以测量的“样本”。它们之间既有联系又有区别。相同之处是制定的依据有相同之处；对教学所起的作用有相同之处。不同之处是制定的依据不完全相同；考虑的主体不完全相同，教学目的是以教师为主体提出教学要求的，教学目标则以学生为主体进行制定；使用的动词不同，教学目的表述时使用的动词是抽象的、模糊的、不能测量的，教学目标表述时使用的动词是具体的、清晰的、可测量的；直接作用的对象不完全相同，结构层次不完全相同。

[案例]

教学目的：

了解血液循环的组成；

理解血液循环的途径；

掌握血液循环的概念。

[案例]

教学目标：

【知识与技能】

(1)通过实际观察，建立振动的概念，知道声音是由物体振动产生的；

(2)知道摩擦、弹拨、敲击、吹气等可以使物体振动而发出声音。

【过程与方法】

(1)探索使保鲜袋和身体发声的种种方法，并试着提出相关的问题；

(2)学习使用间接观察法观察物体在发声时的变化和停止发声时的变化，概括出物体发声的变化。

【情感、态度与价值观】

(1)对待科学学习要采取想办法解决问题的态度；

(2)学会尊重事实；

(3)学会通过观察收集第一手的资料来探求事物之间的联系。

[案例]

教学目标：

【知识与技能】

能在地图上标出元谋人、北京人发现的地点并说出他们距今的年代。

【过程与方法】

(1)观察图，描述北京人与现代人的不同；

(2)能够说出反映远古人类生活的有关考古文物、神话传说、遗址等。

【情感、态度与价值观】

(1)想象北京人的一天；

(2)收集我国各地远古人类的考古资料，并按照时间顺序排列，感受中国人是人类的起源地之一。

[活动与训练]

分析案例，对案例进行评价。自选一节课对教学目标进行阐明。

[阅读链接]

布卢姆的教育目标分类理论：认知目标由低级到高级分为六级。

(1)记忆。认知领域中最低水平的目标，指对先前学习过的知识材料的再认和再现，它所要求的心理过程主要是记忆。包括具体的知识、处理具体事务的方式方法的知识、学科领域中的普遍原理和抽象概念的知识。

(2)领会。指能用自己领会的事实与原理进行转换、解释与推断。转换是指能用自己的话或用与原先的表述不同的方式来表达所学内容。解释是指能用自己的话对某一信息加以说明或概述。推断是预测发展的趋势。领会是最低水平的理解，它超越了单纯的记忆。

(3)运用。指把所学的知识运用到新情境的能力，包括概念、原理、方法和理论的应用。它是较高水平的理解。

(4)分析。指把事物的整体与部分之间适当的内在关系作要素分析、关系分析与组织原理分析。分析代表了比较高的智力水平，它既要理解知识的内容，又要理解知识的结构。

(5)综合。指将所学知识的各部分重新组合，形成一个知识整体的能力。包括进行独特的信息交流，制订计划或操作步骤，推导出一套抽象的关系。它强调创造能力和形成新的知识结构的能力。

(6)评价。能根据已有的经验，建立起自己的标准，作为对事物是非、善恶、真假、成败等判断的依据。评价是最高水平的认知学习结果，它既要超越原先的学习内容，又需要基于明确标准的价值判断。

布卢姆教育目标分类理论的新发展：认知目标由低级到高级分为六级。

(1)记忆。主要指记忆知识，对学过的知识和有关材料能识别和再现。

(2)理解。主要指对知识的掌握，能抓住事物的本质，把握材料的意义和中心思想。

(3)应用。指把所学的知识应用于新情境。

(4)分析。指能将知识进行分解，找出组成的要素，并分析其相互关系及组成原理。

(5)评价。指根据一定的标准对事物给予价值判断。

(6)创新。是将要素整合为一个内在一致或功能统一的整体。这一整体往往是新的“产品”。这里所谓的新产品，强调的是综合成一个整体，而不完全是指原创性和独特性。

4. **教学目标设计的依据**

(1)知识类型。不同的知识类型在教学中有不同的要求，所达到的教学目标不同；教学目标设计时必须考虑知识类型。

(2)知识的地位和作用。不同类型的知识在知识体系中的地位不同，所应达到的目标不同。基本概念、基本规律、基本原理、基本方法是构成学科知识体系的基本要素，是教学的重点，所应达到的目标层次是比较高的。事实是形成概括性知识的基础，一般不是教学的重点，所应达到的目标层次是比较低的。同一类型的知识，不同的知识点在知识体系中的地位不同，所应达到的目标不同。重点知识所应达到的目标层次就比较高，非重点知识所应达到的目标层次就比较低。

(3)教学大纲(课程标准)。教学大纲(课程标准)是在教育总计划、总目标的要求下，由国家教育领导机构组织相关专业人员编写制定的纲领性文件，是编写教材和进行教学工作的依据，是制定教学目标的依据。

(4)学生特征。中小学教育面向的是正在成长的朝气蓬勃的青少年，他们的可塑性很强，思维很活跃。一定要根据他们的生理特点、心理特点制定合适的教学目标。从思维的发展过程看，思维要经过直观行动思维、具体形象思维、抽象逻辑思维三个阶段，不同年龄段的学生思维发展的水平不同，教学目标的层次就不同。制定教学目标时一定要根据学生的特点来制定。

5. **教学目标的表述**

[案例]

教学目标：培养学生的实验观察能力

[评析]

这种教学目标的表述只是把目标集中在教师的活动上，将教师要做的事情作为教学目标来表述，而缺少经过教学后学生应该达到什么样的学习结果，使学生的学习行为没有目的性。教学目标是学生通过教学活动后要达到的预期学习结果，也就是说教学活动的真正目的不在于教师的执教过程，而在于学生的学习结果。因此，教学目标的表述一定要将学生经过教学活动后在认识、理解、技能、态度和情感等方面的行为上的变化用具体的、可测量的术语来表述。

[案例]

教学目标：掌握光合作用的概念

[评析]

这种教学目标的表述只是表述学生的学习过程，而缺少学生在学习之后所应达到的预期学习结果的陈述。教学目标是教师为之努力的学生学习的成果，并不是学生学习的过程。教学活动的真正目的在于学生的学习结果，而并不在于学生的学习过程。因此，教学目标的表述在学生学习之后的变化方面应该是明确而清晰的。

[案例]

教学目标：合并同类项

[评析]

这种教学目标的表述只是表示教材中的知识点或一节课的主题，而没有学生学习之后行为有什么改变的陈述。教学目标是教学活动的开始和归宿，是实施教学测量和教学评价的依据，用知识点作为教学目标来表述，老师、学生、教学测量者和教学评价者对教学目标的理解不可能达到一致，使教学测量和教学评价不容易操作。因此，教学目标的表述必须是具体的、可测量的。

[案例]

教学目标：激发学生实验课学习的兴趣

[评析]

这种教学目标的表述既缺乏具体内容又没有可观察的行为。教学目标不是对教师的教学行为的描述，而是指学习者的学习结果。而这种教学目标的表述对学生学习结果的描述是不明确的。

目标作为观念形态的价值意识反映了人的需要，当需要带着清晰而明确的目标和目的意识并延伸到人的行为领域同行为相联系的时候，则形成动机。人们常说：假如你对要去的目的地不清楚的话，那么你很可能抵达另一个地点，而且还不知道走错了方向。因此，教学目标的表述必须足够的清晰，力求做到明确、具体、可观察、可测量。只有这样才能激发学生学习的积极性，使学生产生要达到目标的强烈渴望。教学目标的表述方法常用的有两种。

(1)ABCD表述方法。“A”指学习者(audience)，是指教学对象，是目标句子中的主语。“B”指行为(behaviour)，是通过学习后学习者应该能做什么的说明，是目标句子中的谓语和宾语。“C”指条件(conditions)，说明上述行为在什么条件下产生，是目标句子中的状语。“D”指程度(degree)，明确上述行为的标准。

ABCD表述方法是行为目标的表述方法，行为目标是美国著名心理学家马杰为了克服传统的教学目标的模糊性而提出的。行为目标也叫作业目标(performance objectives)，是指用可观察的和可测量的行为来表述的目标。马杰认为，目标乃是“行为图式”(pattern of behavior)的描述。要写好行为目标应该具备三个要素：一是说明通过教学后学生能够做什么(或者说什么)；二是规定学习者的行为产生的条件；三是规定符合要求的行为标准。根据马杰的具体要素教学设计者在确定教学目标时，应该从学习者(A)出发，清楚地陈述学习者学习的行为(B)、条件(C)、程度(D)。学习者是教学目标设计的核心，教学目标所描述的应该是学习者做什么，而不是教学者做什么。只有学习者积极进行心智加工和实践技能的训练时，才会发生学习。学习者的能力和技能都是变化着的因素，教学目标设计时必须首先明确教学对象。行为目标表述的关键是教学后教学对象新行为、新能力的动词描述。所使用的动词要将教学设计者的目的表达清楚，并且使学习者在完成学习后能够去操作这些动作。行为目标表述时应该包括能够观察到的行为条件。条件是指学习者表现学习行为时所处的环境因素，条件限制了在何种状况下对教学进行评定。条件因素包括环境因素(空间、光线、温度、气候、室内、室外、安静等)、学生因素(单独进行、小组集体进行、教师指导下进行等)、设备因素(工具、设备、图纸、说明书、计算器等)、信息因素(资料、教科书、笔记、图表、词典等)、时间因素(速度、时间等)和问题明确性的因素(提供什么刺激引起行为的产生)。行为目标表述的最后一个要求是要指出一定的标准，根据这个标准能够对行为的可接受性进行判断。标准是判断学习结果的行为能否被接受的最低衡量标准。教学目标表述时对行为目标要作出具体的描述，确保教学目标的可测性。行为标准一般包括熟练程度、精确程度、时间、准确性等方面的标准。

教学目标是学生通过学习所达到的行为结果，是学生在学习后能做的以前所不能做的事情。教学目标的表述是对结果达到的程度的表述。因此，教学目标的表述措辞要准确，所采用的行为动词不能有多义性，也就是说要将学生的学习结果以一种特定的行为方式来陈述，使教学目标变得清晰、明确，具有可操作性。例如，通过教学，学生能够在示意图上标出细胞各种结构的名称；通过教学，学生能够借助字典在 5 分钟内认识 5 个生字；通过教学，学生能够用自己的话解释什么是骨气等。用这种方式表述教学目标时，教学目标直接注意的是学生和作为学习过程的结果所表现出来的行为类型。在这里行为的具体类型是“标出”、“认识”、“解释”等术语，这些具体的行为术语指出了学生通过学习之后发生了哪些改变，使教学意图变得清晰，避免了用传统方法制定教学目标的含糊性，使学生知道了“如何学”、“学什么”、“学成什么”等。另外，用这些具体的行为术语来表述教学目标还有助于教学测量和教学评价，例如，教学目标是“通过教学使 70％的学生能用自己的话解释蒸腾作用的概念和过程”，这时要检查学生的学习结果是否获得，可以请学生“用自己的话解释蒸腾作用的概念和过程”，然后进行统计，假如 70％以上的学生能够用自己的话对蒸腾作用的概念和过程进行比较准确的解释，就可以得出结论，这节课的教学达到了教学目标的要求，完成了教学目标。在这里，被教行为和被测行为之间有相互对应的关系，使得教学评价和教学测量变得容易实施、容易操作。但是这种教学目标的表述也有它的缺陷，它只强调行为结果而忽视了内在的心理过程，违背了学习的真义，而且有些行为结果也很难行为化。因此，这种教学目标的表述也不是完美无缺的，通过实践认为这种教学目标的表述适用于比较简单的技能和比较低层次的知识。

(2)内部过程和外显行为相结合的方式表述教学目标。学习的实质是内在心理的变化，因此，教育的真正目标就不是具体的行为变化，而应是内在能力或情感的变化。而内在的心理变化是不能直接进行观察和测量的。教学目标的表述采用内部过程和外显行为相结合的方式，可以用具体的行为样品间接测量和观察内在的心理变化，这样既保留了行为目标表述的优点，又避免了行为目标只顾及具体行为变化而忽视内在心理变化过程的缺点。例如。概述血液循环的生理意义：①用自己的语言给血液循环下定义；②区别体循环与肺循环的异同；③联系实际说明血液循环的生理意义。这种教学目标的表述“概述血液循环的生理意义”是对内部过程的表述。后面的几句话是为了说明内部过程被表述得可观察、可测量的外显行为。这种教学目标的表述既适合认知目标的表述，也适合情感目标的表述。通过实践认为这种教学目标的表述适用于比较复杂的技能和比较深层次的知识。

上面列举了两种教学目标的表述方法，但是教学目标的表述不能拘泥于某一种方法或某一种形式及其条条框框，而应根据目标的层次，学习任务的分析结果以及学生的特点等具体情况进行具体分析。当教学只涉及某一简单任务时，列举包含在任务中的所有行为类型，直接教授这些行为，并在教学结束时把一切行为都列入学生的成绩评价中。当教学涉及的是深层次知识时，列举一些可能代表教学目标的具体行为类型的样本，而这些列举的行为类型只能为教学活动、教学评价和教学测量提供指导。

教师制定好教学目标后，教师如何使用教学目标？如何面对多个教学目标？如何处理教学目标之间的关系？如何呈现目标？在教学的过程中都必须进行考虑。教学目标呈现的时机、顺序不同，教学效果不同。每个单元都有好多个教学目标，也就是说都有可能呈现不同的学习结果。教师必须确定该单元中最为主要的目标是什么，目标与目标之间有什么关系，才能进行有效的教学。总之，教学目标是教学设计的关键所在，教学目标设计的正确与否直接影响着教学内容的组织、教学方法的选择、教学媒体的使用、教学评价的进行等各个方面。

二、教学方法设计

1. 国内中小学流行的教学方法分类

人们通过总结以及比较筛选，把我国中小学常用的教学方法分为8种，即讲授法、谈话法、读书指导法、练习法、演示法、讨论法、研究法、实验法。

(1)讲授法。讲授法是教师通过语言系统连贯地向学生传授知识、技能的方法。是使学生接受人类已有的间接知识快速达到人类发展的最前沿的一种快捷方式。从教师的角度看，讲授法是一种传授方法，从学生的角度看，讲授法是一种接受性的方法。运用讲授法教师可以通过合乎逻辑的分析、论证，生动形象的描述，启发诱导性的设疑、解释，使学生在较短的时间内获得较为全面系统的知识，并把知识教学、情感教育、开发智力有效的结合，融为一体。

(2)问答法(谈话法)。问答法是教师按一定的教学要求向学生提出问题，要求学生回答，并通过问答的形式来引导学生获取或巩固知识的一种方法。其优点是便于激发学生的思维活动，培养学生的独立思考能力、语言表达能力，激起和保持学生的注意力和兴趣。问答法是我国各科教学中常用的一种教学方法。

(3)读书指导法。读书指导法是教师指导学生通过阅读教科书、参考书以获取知识、巩固知识和养成良好的学习习惯的一种方法。它既包括教师的指导，也包括学生的读。在实际的教学过程中，教师指导学生阅读，首先要从指导学生阅读教科书做起，注意学生预习、复习的指导。

(4)练习法。练习法是学生在教师指导下巩固知识，并运用知识去反复完成一定的操作以形成技能技巧的一种方法。它的特点是，技能的形成要以一定的知识为基础，具有重复性。

(5)演示法。演示法是教师通过展示实物、直观教具或实验，使学生获得知识或巩固知识的一种方法。演示可以使学生获得丰富的感性材料，加深对事物的印象。在实际教学中，把理论与演示联系起来，可以使复杂的问题简明化，抽象的问题形象化，使学生容易形成正确的观点和概念，激发学生的学习兴趣，提高学生的注意力和自信心，使知识易于巩固。

(6)讨论法。讨论法是学生在教师指导下为解决某个问题而进行探讨、辨明是非真伪以获取知识的一种方法。是教师在教学过程中，根据教学内容的特点和学生的实际，提出具有启发性、思考性的讨论题，组织学生讨论的一种方法。讨论法的过程是：提出问题，设立情境。根据问题，学生自学。划分小组，进行讨论。课堂讨论，全班交流。归纳总结，得出结论。

(7)研究法。研究法是在教师指导下学生通过独立地探索、创造性地解决问题，以获取知识和发展能力的方法。使用时要求正确选定研究课题，提供必要的条件，让学生独立思考与探索，循序渐进、因材施教。

(8)实验法。实验法是在教师指导下运用一定的仪器设备，通过独立作业，观察事物过程的发生和变化，探求事物的规律，以获得知识和技能的方法。应用实验法，不仅能加深学生对概念、规律、原理、现象等知识的理解，也有利于培养学生探索、研究、创造精神和严谨的科学态度。

2. 教学方法设计的依据

(1)依据教学目标。教学方法的选择受教学目标的制约，教学目标决定着教学方法的选择。如果是完成传授新知识的教学任务，就应该选择语言传递信息的方法和直接感知的方法；如果要使学生形成技能或完善技能，就得选择以实际训练为主的方法；如果是为发展学生的智力，形成一定的能力就应采取探索、研究的方法。

(2)依据教材内容的特点。学科不同教学方法有差异，而某一学科中的具体内容不同也要采取不同的方法与之相适应。

(3)依据学生的实际情况。教师的教是为了学生的学，教学方法要适应学生的基础条件和个性特征。

(4)依据教师本身的素质。任何一种教学方法的选用，只有适应教师本身的素质条件，能为教师所理解和掌握，才能发挥作用。有的方法虽好，但如果教师缺乏必要的素质，自己驾驭不了，仍然不能在教学实践中产生良好的效果。

(5)依据各种教学方法的功能。每种教学方法都有局限性。某种教学方法对某个学科或某个课题是有效的，但对另一个学科、另一个课题或另一种形式的教学可能是完全无用的。

(6)依据教学时间和效率的要求。教学方法的作用是为了使教学顺利有效地进行，在较少的时间内使学生获得较多的知识，取得良好的效果。所以，在选择教学方法的时候，应考虑到教学过程效率的高低。好的教学方法应使教学在较少的时间内完成教学任务，实现教学目标，并使教师教得轻松，学生学得愉快。

思维和语言产生于不同的根源，可能存在没有语言的思维和没有思维的语言，而教育的作用就是把思维和语言联系起来，使它们彼此丰富而且结合成为一个整体，从而形成概念。

——维果茨基

[案例]

在《食盐在水里溶解了吗》这一课的教学过程中，首先让学生分别观察食盐与沙子在水中的变化情况，然后让学生观察面粉在水中的变化情况。最后设计让学生观察高锰酸钾在水中的溶解情况。

在这一教学过程中，首先让学生分别观察食盐与沙子在水中的变化情况，就是为了了解学生原有的有关“溶解”的前概念。学生的前概念是：像食盐一样在水中慢慢消失了、不见了就是溶解；而像沙子那样在水中没有变化就不是溶解。这时的“溶解”概念是不全面的，有待于我们的教学去修正和完善。

对当前的观念不满是产生观念改变的关键因素，因此，利用引发认知冲突的方法来促进观念转变，对于完善学生原有观念是一种有效的教学策略。“观察面粉在水中的变化”就是引发认知冲突的活动。当问题“面粉在水中的变化更像沙子还是更像食盐”出现时，虽然学生观察到同一事实，但每个学生都有自己的理解。面粉在水中的变化像沙子；又像食盐；既不像沙子又不像食盐……矛盾激发了，原有的认识解决不了眼前的现象，引发了与前概念的矛盾冲突，从而使学生产生积极主动建构新概念的心理趋向。

关于食盐溶解后在水中是如何分布的这一现象，学生无法用肉眼直接观察到，很多学生甚至错误地认为“下面多上面少”。因为生活经验告诉他们，很多时候喝盐汤时会觉得下面咸一些。怎么办？最好找一种溶解过程是可视的，用溶解后分布情况是可视的物质作类比。高锰酸钾无疑是很好的选择。学生在观察高锰酸钾溶解的过程中，形象地观察到了高锰酸钾从可见到不可见、水从无色到紫色扩散后均匀分布的过程。这时，学生头脑中溶解的概念又丰富了一层：物质在水中溶解的过程是慢慢扩散的，溶解后是均匀分布在水中的。

类比是促进学习者在已有概念知识的基础上建构新知识的有效工具。科学教学常常会涉及理解一些无法直接观察到的事物，因此参照某些可观察到的事物或曾经有体验的事情，将要学的新现象比拟成另一熟悉的现象能够更好地促进学生对概念的理解。

[讨论与分析]

请针对案例中的教学方法进行分析评价。

3. 教学方法优选的标准

(1)符合教学规律和教学原则。教学原则是对教学过程规律的反映和运用。教学原则和教学规律既是相互依存的，又是相互独立的。规律的运用要通过原则才能见效于行动，即原则是规律运动的载体，没有原则，规律不可能在实践中得到反映；而原则之所以有效，又在于它反映了教学和心理规律。不合乎规律的原则是无效的原则。教学方法既是教学原则产生的源泉，又是教学原则实施的土壤，教学原则的运用最终要落实到教学方法上。所以说教学方法的选择要符合教学原则和教学规律。

(2)符合教学目标和任务。教学方法是引导和调节教学活动过程的最重要手段。它是教学中教师和学生为实现教学目标、完成教学任务必须遵循的原则性的步骤。

(3)符合教学内容的特点。教学目标的实现、教学任务的完成是通过具体的教学内容来实现的。因此，教学方法要尽量符合教学内容的特点。

(4)符合学生学习的可能性。教学方法的选择要符合学生学习的可能性。这种可能性包括学生生理的、智力的和心理的可能性。

(5)符合教师本身的可能性。教师本身的可能性包括教师已有的经验、修养和实际的准备程度等。

(6)符合教学条件的可能性。教学条件的可能性包括教学的物质条件、设备条件、道德伦理条件、时间条件等。

4. **现代教学方法的特点**

(1)重视学生的主体性。学生的主体性是指学生在教育活动过程中作为主体在与客体关系中的地位、能力、作用和性质，核心是学生学习的能动性和自由个性。传统的教学方法学生一般是以被动接受为主，学生处于被动接受的地位，学生基本上没有能动性，在学习过程中学生被教师、书本的权威所统治和支配，被动地接受教师传授的知识，个性被压制。现代教学方法追求与学生学习规律的一致性，注重激发和保持学生学习的动机和兴趣，使学生处于主动学习的地位，使教学过程成为学生积极学习、能动发展的过程；在学习上，重视过程的体验和自由个性的发展。

(2)重视学生非智力因素的发展。传统教学一味地突出智力，明显的倾向是人们把儿童的智力和情感分裂开并将他们对立起来，教学方法表现为过分突出和重视知识传授和智力发展，比如讲授法、实验法、研究法一直流行，就是明证。现代教学方法立意超越理性主义，把智力和情感统一起来。马斯洛指出："健康者的认识意动和情感的相互合作的而不是对抗的或相互排斥的。""意动在本质上是认识的，认识在本质上是意动的。"既然认识和意动是同一的，那么智能与情感也应该的同一的，于是"知情互动"理论便诞生了。美国心理学博士高曼在这些观念的基础上，大胆而独到地提出了“情感智力”的崭新概念，这样我们终于走进了整合的智力观念。智力再也不仅仅是语言与数学了，再也不仅仅是认知性的了，情感也是智力，而且是对人的社会生活幸福与否产生重大影响的智力。认知实质上是情感的，而情感实质上也是认知的，智力实质上是认知智力和情感智力的统一。于是，陶冶法，以及“传授—接受教学”、“问题—发现教学和研究—讨论教学”等教学法的组合，便开始发展起来。

(3)加强学习方法的研究。传统上，人们把教学方法是实质看成是教法，突出了教学法中“教”的一面，所以讲授法成为课堂教学占支配地位的方法。现代人们倾向于认为“教法的本质是学法”，所以特别重视学习方法是研究和应用。首先是重视学习心理学研究，在整个20世纪，世界范围的心理学界把学习心理作为热点领域，在知识获得、技能形成和智力发展等方面，获得了丰硕的研究成果。在此基础上，人们广泛开展实验和研究，研制出了一系列卓有成效的新的教学方法，其中主要是以学习方法为特征，如发现学习、掌握学习、自学辅导、学导式等。

(4)重视现代教育技术的应用。现代教育技术是指以计算机为核心的多媒体一体化的教育技术，它在20世纪取得了飞速发展，现在正向信息网络发展。技术看上去似乎仅仅是中性的，其中在其被发现的过程中已经融入了发明者的特定目的和价值取向，是有目的和有特定价值观念的。技术教育在被研制的时候也获得了特有的学生发展目的和价值取向。因此在物质层面，人们把教育技术装备列为教育现代化的指针；在课堂教学层面，学校把现代教育技术的应用当成应用现代教学方法的标志。这样，教育技术被列为师范生的必修课，教师把教育技术当成了自己备课、上课和课后指导不可缺少的手段。教学方法的技术化，成了世界范围的一种趋势。

(5)教学方法的模式化。教学方法从根本上讲，是人们对教学活动的一种特定态度、意向和操作。在多元文化的背景里，方法走向模式化，出现了多种多样的教学方法性质的模式。每一种教学模式由主题、目标(或手段)、程序以及评价等成分构成，使得教学方法涵括了具有一致性的新心理学理论、新教学价值观、新教学内容观以及新教学方法观，为操作性教学方法的创新、发展奠定了坚实基础。

[阅读链接]

交流式教学法：

(1)提出问题，激发学生的学习兴趣；

(2)查找(阅读)资料，自学相关知识；

(3)讨论交流，共享知识，提高能力；

(4)解决疑难，构建新知和能力。

问题解决法：

(1)创设问题情境；

(2)提供科学事实；

(3)探求解题方法；

(4)得出科学结论；

(5)运用新知解题。

发现式教学法：

(1)教师创设问题情境。教师深入分析教学内容，向学生提出要解决或研究的课题。

(2)学生提出假设或答案。学生在阅读和学习有关材料参考书的基础上对教师提出的问题作出各种可能的假设和答案。

(3)检验假设。在教师指导下，学生根据不同的课题性质，通过思辨、实验、演示等，以讨论的形式对假设进行检验。正确的就可以作为结论和结果，错误的再修正假设。

(4)作出结论。在充分讨论和验证假设的基础上，对假设进行补充、修改和总结，对教师提出的问题作出结论。

学导式教学法：

(1)学生自学——包括课前预习和课堂前的自学阅读;

(2)学生解释——学生讨论、查阅参考资料或工具书,教师个别辅导;

(3)教师精讲——教师针对学生无力弄懂的重大难点、关键点进行精讲;

(4)学生演练——学生彻底弄清不懂的问题,把学习要点和心得记入笔记,并精选习题演练、作业,把所学的知识系统化、概括化。

[案例]

"免疫系统三道防线"的层次化讨论:将学生分成三个大组,第一大组查找第一道防线的相关内容;第二大组查找第二道防线的相关内容;第三大组查找第三道防线的相关内容。资料查找好之后,首先进行小组内讨论,明白自己小组的内容结构;然后进行小组之间的讨论,弄明白小组内容之间的关系。最后通过全班讨论把三道防线融会贯通。

[案例]

"关爱艾滋病人专题"的角色扮演:学生四人一个小组,其中一人扮演政府官员,一人扮演医生,一人扮演社区工作人员,一人扮演病人家属。从扮演的角色考虑,讨论应该如何关爱艾滋病人。在讨论的过程中,要选出一名组长组织讨论,选出一名记录员记录讨论的内容,选出一名资料整理员将讨论资料整理成文本,选出一名发言人将小组讨论的结果向全班同学汇报交流。

[讨论与分析]

针对案例中的教学方法进行分析评价。

三、教学媒体设计

1. 教学媒体的概念

媒体(media)来源于拉丁语"medinm",是传播学上的概念,是指携带和传递信息的物质工具。任何一种物质实体都可以成为媒体。但是作为媒体必须介于发生联系的双方之间，并将它承载的信息有效地由一方传递给另一方。也就是说媒体必须具备交流和传播信息的功能。教学媒体是为实现教育教学目的，在教学过程中介于教师的教和学生的学之间的，携带并传递教学信息，影响师生信息相互交流与传递的工具。它能储存、表达、传递和传播教学信息，能在教学过程中被选择、控制、操作使用。

[案例]

"念课件"的新入职教师：

李老师是一名新入职教师，教初中地理，自从她接任这个班的地理课之后，学生就越来越不喜欢地理课。李老师用电脑比较熟练，下载课件、自制课件都行，就是不知道如何分析教材、超越教材，对学习内容不能融会贯通，上课时就是低着头念课件。

[案例]

展示精美图片的语文老师：

这个语文老师的授课内容是《北大荒的秋天》，课堂上教师用几十分钟时间使用事先准备好的图片和视频等多媒体资源向学生展示北大荒秋天的美，学生阅读文本，理解和体验文本的时间被大量占用，课堂教学变成了教师眼中的北大荒美景的展示课，这样的课堂显然也是低效的课堂。

[案例]

追求新颖、追求特效的数学老师：

一次数学课，教师出示的思考题背景是一幅五颜六色的鲜花图案；练习题右上角有一个眨眼睛的小朋友，且答对一题，一阵掌声；有的页面的交换是由小到大，由远及近旋转而来，还有的页面更换的同时伴随着海浪声或是激光闪烁声等。一堂课，学生只注意了漂亮的画面，而没有注意画面上显示的思考题，要学习的知识点更无从谈起。

[讨论]

针对案例中的教学媒体进行分析评价。

2. **教学媒体的发展**

教学媒体的发展经历了三个阶段。

(1)原始教学媒体阶段。原始教学媒体阶段和原始教育时期相一致。这一阶段教学媒体的最大特点是形象直观。缺陷是离不开人的亲身传授，效率较低。主要包括人体各器官、生产生活工具、实物、口头语言等。

(2)古代教学媒体阶段。这一阶段是指人类进入古代阶级社会以后一直到17世纪末。教学媒体的最大特点是文字书本的出现及其在教学上的广泛应用，既丰富了教学媒体的种类，又拓展了教学资源。文字书本比口头语言更为抽象概括，大大突破了信息传递的时间和空间限制，克服了口头语言不能脱离传授者的局限，为学习者提供了自主学习的条件。但是，由于文字比较抽象，与客观世界存在着一定的差距，容易造成教学的枯燥、僵化、乏味、脱离生产和生活实际。

(3)现代教学媒体阶段。这一阶段是指从夸美纽斯的《世界图解》出版至今，是现代教学产生和发展的时期。17世纪末到19世纪末，为解决单一文字教学带来的种种弊端，人们从理论和实践上对教学媒体进行了探索，确立了直观性教学原则，自行设计和制作了各种专门的直观教学媒体。捷克教育家夸美纽斯编写并出版了《世界图解》，书中载有插图150幅，是世界上第一本插图教科书。德国人根据“影戏”的原理发明了幻灯，19世纪末幻灯应用于教学，使电教媒体开始介入教学，给教学带来了新的挑战和机遇。进入20世纪后，电子科学技术的迅速发展，留声机、唱片、广播、电影开始应用于教学。30年代，有声电影、有声幻灯片应用于教学。40年代末电视机和计算机相继问世。之后，卫星广播电视、激光视盘、微型电子计算机普遍应用于教学领域。90年代以来，计算机技术的日新月异，尤其是计算机网络技术的全球渗透，网络化教育正改变着教学的方方面面。使教学媒体在教学中的作用更加明显。这一时期教学媒体的最大特点是从理论到实践都有了突破性的进展。这一阶段围绕着如何使教学信息的传递更直观、生动、有效，人们利用先进的科学技术成果，设计和创建了各种各样的电子化和现代化的教学媒体，极大地拓宽了视觉媒体和听觉媒体的范围，丰富了教学媒体的种类，使教学媒体的功能逐渐完善。在这一时期由于教学媒体的快速发展，使教学媒体在教学中的地位提高，引发了教学媒体的理论研究和探讨。

3. 教学媒体的分类

随着科学技术的发展，教学媒体的品种越来越多。为了把握这些教学媒体的特殊性能，以便选择。有必要对它们从各个角度加以分类。

(1)单通道知觉媒体和多通道知觉媒体。单通道知觉媒体指仅可借某一感官来接收信息的媒体。多通道知觉媒体指可以同时利用两种和更多感官来接收信息的媒体。

(2)单向传播媒体和双向传播媒体。单向传播媒体指学生无法及时向信息源反馈信息以影响信息源后续输出的媒体。双向传播媒体指可使信息源根据学生的即时反馈及时调整后续输出，构成交互作用系统的媒体。

(3)真实信息媒体、模拟信息媒体和符号信息媒体。真实信息媒体指实物、标本等。模拟信息媒体指图片、模型、计算机模拟等。符号信息媒体指教科书、图表、图示等。

(4)远距离教学媒体、课堂教学媒体和个别化教学媒体。远距离教学媒体指不受空间限制的媒体，课堂教学媒体指供一个班级同时分享信息的媒体，个别化媒体指在特定时间内只供一个学生享用信息的媒体。

(5)易控媒体和不易控媒体。易控媒体指教学人员可根据需要，决定使用该媒体的时间、地点、传递信息速度的媒体。不易控媒体指教学人员只有被动适应才能加以适用的媒体。

(6)常见的教学媒体分类是根据教学媒体作用的感觉通道不同，将教学媒体分为视觉媒体、听觉媒体、视听媒体和综合操作媒体。

①视觉媒体。视觉媒体是指主要作用于视觉通道的教学媒体，包括非投影视觉媒体和投影视觉媒体两种。

非投影视觉媒体包括印刷材料、图片、实物和模型。印刷材料是最常用、最普通的教学媒体、通常包括教学大纲(课程标准)、教科书、讲义、补充资料、教学手册、指南及其他有关文字参考资料等。它们主要通过印刷的文字符号提供教学信息。它可以承载学科的系统知识，是学生获得教学信息的主要来源，能详尽地阐明具体的或抽象的经验，可人手一册，携带方便，可随时翻阅，既适合于教师教学时参考又适合于学生自学，且造价低，能批量生产。其不足之处是文字符号较抽象，不生动具体，不易激发学生的学习兴趣，对学习者阅读水平要求较高，在培养学生的技能方面功能较弱。图片包括挂图、图解、图表和照片，图片媒体在教学上的主要优点是能形象直观地展示教学内容，能化繁为简，化抽象为生动，便于教师讲授和学生理解记忆；制作简单，使用方便，费用低。实物用于教学的有两种：一种是经过加工处理可以长期保存原样并使用的实物，通常称之为标本，如尸体标本、玻片标本；另一种是处于自然状态下的实物，如生物课上经常用到的植物根、叶等；有时实物可以用模型替代，如生物课上使用的人体及其各部位的模型。在教学中，实物与模型能较好地使学生获得具体的、生动的经验，直观地说明物体的特征与属性。但实物有时不易获得，模型的制作成本又比较高。

投影视觉媒体主要包括幻灯和投影。幻灯是一种非常普及的现代化静止视觉媒体。幻灯机种类很多，从功能的角度分有手动式幻灯机、自动式幻灯机、遥控式幻灯机、声画同步幻灯机和多用途幻灯机。幻灯机在教学中可以提供大量色彩鲜明的、真实的、生动的视觉形象，可与传统的教学方法结合使用，可根据教学需要对放映和解说的速度加以控制。同时，幻灯片制作简单，价格低廉，操作方便，容易推广。投影被认为是当今运用最广泛的现代化教学媒体。在生物学教学中使用投影时，教师可面对学生，使教师直接掌握课堂信息的反馈和师生之间的交流。同时，在使用投影时教师还可联合使用其他教具进行教学。投影仪与幻灯机相比使用更方便，制作更简单，很容易在各级各类学校普及。

②听觉媒体。听觉媒体是指主要作用于听觉通道的教学媒体，包括扩音机、收音机和录音机。扩音机和收音机的特点是能将声音扩大，远距离传递信息；传输信息速度快，不受时间、空间限制；传递的知识信息有真实感，能激发学生的想象力。录音机的特点是能将声音记录下来，以备随时使用；能把记录的声音反复多次使用而且可以控制播放时间。

③视听媒体。视听媒体是指既作用于视觉通道又作用于听觉通道的教学媒体。主要包括电影、电视和录像。电影用于教学是在 20 世纪 20 年代。随着科技的发展，新的教学媒体不断出现，但是电影作为教学媒体仍然是非常重要的。电影在教学中的作用主要有：能直观形象的表现教学内容；能跨越时间、空间的界限；能打破尺寸的限制，可以微观、宏观互相转换。但是，电影制作成本高，技术要求复杂，必须有专门的技术人员进行制作，限制了它的推广。电视和录像是现代科技发展的成果，是即时性最强的教学媒体。

④综合操作媒体。综合操作媒体是指既能提供视听刺激，又能让学习者接触并进行实际操作的教学媒体。如计算机，随着科技的发展，计算机作为一种新型的教学媒体已越来越受到教育界的重视，已在各级各类学校广泛使用。

4. 教学媒体设计的依据

教学媒体的设计首先要考虑的因素是教学目标；其次还要考虑教学方法、学习任务、学习者的特点、教学管理因素、经济条件、教师素质和不同的课型等。

> 一堂演讲是否吸引，并不在于你的多媒体做得是否精彩，而主要在于是否有精辟的思想。
>
> ——库尔博士

[案例]

课本和计算机房：课本。传统的课本内容的编排和选择，通常是得到广泛认可的知识和公理。教材设计者认为选用存在争议和尚未证实的内容，容易引起教师和学生思维的混乱，也造成了评估的难度。毫无疑问，他们善意的出发点可以理解。但这样做却导致了学生认识上的误区：世界是由一些已经确定的知识和尚没发现、认识的一些“确定”性知识组成的，世界的知识是有限的，出现的问题都有明确的答案。带着这样的认知观进入社会，当生活中出现一些没有明确标准答案的现实问题时，容易产生挫折感，降低自信心。而且因为没有认识到某些知识或者世界的复杂性，会容易从表层简单看问题，缺少对新问题、新现象和新知识探索的好奇心。计算机房。目前学校里普遍存在的计算机学习环境——专门的计算机房，房间里满满地摆上计算机，面向教室的前面，教室前有一块黑板，角落里有个讲坛，窗户都有深色的窗帘，学生只能看到自己的屏幕，一些个子小的学生可能看不到教师前面的黑板，机房的时间安排按照一节课45分钟安排，为控制学生的学习活动没有连上Internet，在这样的学习环境里学生能学到什么呢？他们的感受会是什么呢？

[评析]

以上案例容易使学生认为：计算机只是一种成人使用的工具，和学生的学习没有什么关系；计算机房很枯燥，只是用于呈现教学信息、查找非计算机信息的资源；计算机让你做事而不是为你做事。这样的环境给学生传递了如下的观点：自己对学习没有控制权；学生不是意义的建构者，而是意义的接受者；如果能记住大量的信息，就是优秀的；如果遵从教师的指导，就是好学生；学习知识根据个人的成绩受到评价，而不是根据对团队所做出的贡献或者对自己学习所承担的责任而评价。

[阅读链接]

多媒体使用的误区：多媒体(multimedia)一般被理解为多种媒体的综合。它由media和multi两部分组成。多媒体技术不是各种信息媒体的简单复合，它是一种把文本(text)、图形(graphics)、图像(images)、动画(animation)和声音(sound)等形式的信息结合在一起，并通过计算机进行综合处理和控制，能支持完成一系列交互式操作的信息技术。随着科学技术的发展，多媒体的使用越来越广泛，多媒体使用过程中也出现了几个误区：①教育手段先进，教育思想便先进。现代教育理论要求教学必须充分发挥学生的学习主体作用，但有一些教师认为只要教育手段先进了，教育思想便先进。于是在计算机辅助教学这一现代教育的外衣内，进行着传统教学模式的翻版，教师依然是讲解的中心，学生依然是被动的接受者，灌输、填鸭之风依然我行我素。②公开课或评优课一定要用多媒体。和传统教学模式相比，多媒体辅助教学有利于个别教育，有利于因材施教，有利于提高学生学习的主动性、积极性，有利于发展学生的智能。因此在一些地区，一些学校便片面追求多媒体辅助教学，甚至形成“无多媒体不成公开课”的局面，而其所用的所谓的多媒体课件，只是简单的文字加图片，是用投影片完全能够实现的，这样大材小用，造成大量资源浪费。多媒体成了名副其实的花架子。③多媒体是教师讲解演示的工具。多媒体的性质是什么？或许很多老师都会回答：多媒体是教师讲解演示教学内容的工具。然而，错了！教学媒体应该是学生进行发现、探究、接受新信息并最终掌握知识形成能力的工具，是学生学习的帮手，而不是教师讲解演示的工具。

四、教学过程设计

1. 教学过程是学生的特殊认识过程

(1)学生的认识对象特殊。学生的认识对象被教材所规定，而教材删除了人类实践经验中非本质的、或已被否定和淘汰的内容，精选了学科知识领域中最基本、最重要的事实和规律。由此保证了学生能在相对较短的时间内掌握大量知识，是以学习间接经验为主的过程。

［阅读链接］

教学过程就是学生的特殊认识过程，是学生认识客观世界的过程。这种认识活动以人类已有的知识为主要对象，力求在较短时期内传授大量的人类文化科学遗产，使个人认识达到当代社会的知识水平。

——《中国大百科全书》(教育卷)

(2)学生的认识条件特殊。学生的学习是在教师的指导下在学校进行的，教师是专门的教育者，有能力指导学生的学习。另外，学生的学习还具备学校的环境条件，如先进的现代化教学手段、教学设备仪器等。

[阅读链接]

教师的职能现在已经越来越少地传递知识，而越来越多地激励思考，除了他正式职能以外，他将越来越成为一位顾问，一位交换意见的参加者，一位帮助发现矛盾论点而不是拿出现成真理的人。他必须集中更多的时间和精力去从事那些有效果的和有利创造性的活动：互相影响、讨论、激励、了解、鼓舞。

——联合国教科文组织《学会生存》

(3)学生的认识任务特殊。学生的认识不在于独立认识客观事物或发现真理，而在于让学生在学习的过程中重演认识过程。

所谓课上得有趣，就是学生带着一种高涨的、激动的情绪从事学习和思考，对面前展示的真理感到惊奇甚至震惊，在学习中感到自己智慧的力量，体验到创造的欢乐。

——苏霍姆林斯基

2. 教学过程设计的依据

(1)课程标准。课程标准是国家课程的纲领性文件，是国家对基础教育课程的基本规范和质量要求。既是编写教材的依据，又是指导教学和教学评估的依据。教学过程的设计既要符合课程标准的理念，还要符合课程标准的目标要求和内容要求。也就是说教学过程的设计必须依据课程标准。

[案例]

《磁铁》的两种教学过程设计：

【教学过程设计 1】

教师出示一根条形磁铁。

“磁铁能吸铁，是不是磁铁的每一处都能吸铁呢?”教师设问后，拿一根铁钉放在磁铁的正中间，学生惊奇地发现磁铁竟然没有吸住铁钉。

“这说明什么?”

学生答：说明磁铁有些地方磁性强，有些地方磁性弱。

“到底磁铁的什么地方磁性最强呢?”

教师把条形磁铁平放到一堆铁钉里，拿起来，“你看到了什么?”

学生答：钉子都集中在磁铁的两端。

“这说明什么？“

于是毫不费力地得出“磁铁两端的磁性最强”的结论。之后，教师再拿出两根一模一样的磁铁，两只小车，按照刚才“一步一个脚印”的方法按部就班地进入磁铁的另一个性质的教学。

【教学设计过程 2】

准备的材料和上次一样：两根条形磁铁，铁钉若干，一盒装在透明塑料盒里的铁末、塑料片、铜钥匙、两只小车等。

教师在向学生介绍完这些材料之后说：“下面由同学自己去研究一下，磁铁有些什么本领?”

记得当时学生的表现非常兴奋，老师的话刚一说完，一男生就迫不及待地动起了手，拿着一根磁铁到处碰，嘴里念叨着：“能吸。”“不能吸。”当他把一根磁铁接近另一根磁铁时，他似乎有了一些什么发现，激动地拉着旁边的同学：“快来看，快来看。”一女生聚精会神地拿着装有铁末的透明塑料盒，把一根磁铁放在盒子下面，用手指轻轻地敲击盒子，还不时地摇摇头。另外一个男生用手直拍头，“这两个小车有什么用呢?”学生的表现十分活跃。

活动了一定的时间后，教师让学生停下来，汇报各自的发现。磁铁的本领学生逐一汇报出来，而且能用自己的语言表述，就是对“同极相斥，异极相吸”这个性质表述得不是很准确。教师就指导学生利用小车子再做实验，虽有争论，但意见很快就统一起来了。

[讨论]

分析两种教学过程的设计，各有什么优缺点？

(2)学生特点。教学过程是以教师为主导，学生为主体的师生双边活动过程。教学过程是以学生发展为根本，以促进学生发展为取向，强调教学互动，关注教学中愉快和谐的群体生活和积极向上的学习氛围，让学生成为活动的主体，成为教学的主人的过程。在这个过程中教与学已经不再是传统意义上的授受关系；教师为主导、学生为主体已经成为教学过程有别于其他社会活动的一大特点。因此教学效率的高低与学生的学密切相关，教学过程的设计必须考虑学生的特点。

(3)学习内容。学习内容是指为实现教学目标要求学生系统学习的知识、技能和行为经验的总和。教学过程就是实现教学目标的过程，是学生学习知识、技能和行为经验的过程。不同的知识类型，达到的目标不同，学习的方式方法不同，教学过程的各个环节不同，因此教学过程的设计要依据学习内容进行设计。

(4)教师素质。教学过程是师生双边活动过程。教师的素质特点决定着教学策略的运用效果，教学内容的呈现方式。不同的教师，基本素质结构不同，教学习惯不同，教学特点不同，教学过程的设计要考虑教师的素质特点。

(5)教学条件与环境。教学效率的高低直接与教学条件和教学环境有关。在教学过程的设计中要依据教学条件和环境进行设计。学校有多媒体教室，教学过程中才能设计多媒体的直观演示。如果没有条件，只能用挂图代替多媒体。

[案例]

《双手头上前抛实心球》教学过程设计

教学活动1	(一)开始部分 ★宣布课内容 教师活动：1. 师生问好 2. 教师宣布本课内容，并强调纪律。 学生活动：1. 体育委员整队集合 2. 师生问好 3. 认真听讲 队形： 00000 00000 XXXXX XXXXX 要求：快齐静，精神饱满 (时间：2′) ★队列练习 动作：原地向左、向右、向后转(反口令练习) 要求：听口令，统一行动，原地转法，反口令练习，协调一致。 (时间：2′)

(山西临汾临钢小学　韩晓霞提供)

续表

教学活动 2	(二)准备部分： ★热身活动： 教师引导：让我们充分热身吧！ 大家排头接排尾紧跟老师做蛇行跑。 队形： 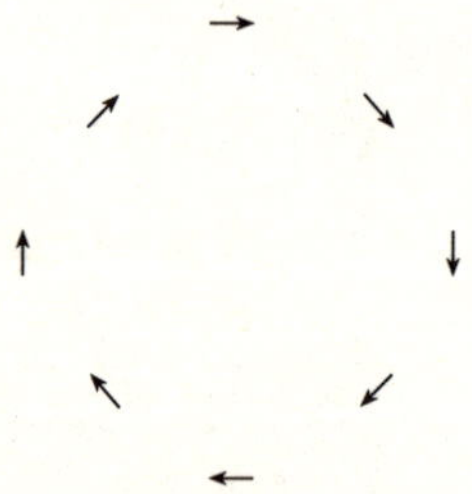 1. 振臂运动(四八拍) 2. 体转运动(四八拍) 3. 体前屈运动(四八拍) 4. 膝关节运动(四八拍) 5. 腕踝关节运动(四八拍) 6. 向上跳(20 次×2 组) 7. 高抬腿(20 次×2 组) 队形：体操队形　四列横队 要求：按照教师的要求认真练习，充分做好准备活动。跟教师一起做，充分把各关节活动开。 (时间：8′)

续表

教学活动3	(三)基础部分 ★教师：现在我们来欣赏古希腊雕塑《掷铁饼者》，在当今人们的心目中，奥运五环和《掷铁饼者》都是奥运会的象征。《掷铁饼者》被誉为“体育运动之神”。 《掷铁饼者》雕塑塑造了一个完美的运动员形象，集中突出了运动员的意态和形态，让人们在“更高、更快、更强”的口号下感受体育带来的力与美的感受。《掷铁饼者》刻画的是一名强健的男子在掷铁饼过程中最具有表现力的瞬间。它展示了蓄势待发的动态，静中蕴涵的力量美，以及运动的自然美。 现在让我们也来学习一种投掷运动：双手头上前抛实心球。 ★动作方法： 两脚前后开立，两臂屈肘，两手持球于头后，上体稍后仰。然后蹬地、收腹和甩臂，将球向前上方抛出。 (教师示范讲解正确的用力顺序) 队形： Xx　xx　xx　xx Xx　xx　xx　xx Xx　xx　xx　xx Xx　xx　xx　xx ↓　↓　↓　↓ ⊙　⊙　⊙　⊙ 1. 教师示范动作 2. 学生徒手练习：体会蹬腿、送髋、展腹动作 3. 教师指导 4. 学生演示，教师总结 5. 学生持球练习，向垫子上抛球 6. 教师总结 ★教法： 1. 讲解示范，提出要求 2. 组织练习，及时评价 3. 归纳引导，纠正错误 4. 用口令组织练习 ★学法： 1. 学生徒手模仿 2. 手持球进行分解与连贯练习 3. 学生自主选择性练习，提高练习的积极性及效果 ★预计效果 练习密度：40％～45％ 心率：90～100次 (时间：24′)

续表

教学活动 4	(四)结束部分 ★放松 （配合轻音乐） 1. 手臂放松 2. 腰腰放松 3. 腿部放松 要求：在欢快和谐的氛围中，让学生的生理和心理得到放松。 ★课后评价 ★师生再见 （时间：4′）

[讨论]

分析《双手头上前抛实心球》的教学过程设计，有什么优缺点？体现了哪些课程新理念？

3. **教学过程设计的内容**

教学过程设计时要依据教学内容的性质、学生的特点、教学环境和资源来进行设计。具体的设计内容包括：导入新课的设计：选择导入的方法，设计导入的过程。讲解的设计：设计每一部分内容讲解的方法、顺序和过程。媒体的选择：结合内容，选择媒体演示的时间，媒体的类型，媒体的组合。提问的设计：提问是为了激发学生的思维使学生有效地学习新知识，也是为了检查学生的学习，起反馈的作用。内容之间相互联系的设计：一部分内容学完之后如何转入下一个学习内容的学习的设计。板书的设计：板书内容、板书形式的设计。学生活动的设计：学生的活动形式、时间，教师指导学生活动的设计。结束过程的设计。

(1)导入的设计。

①导入的结构。

引起注意。导入首先要引起学生的注意，使学生尽快停止与教学无关的活动，迅速投入到新课题的学习中来。注意是一种心理特征，任何心理过程的发生和进行都与注意密切相关。对课堂教学来说，要想使学生的注意转移到学习内容上，导入是关键。导入的首要任务是引起学生的注意。

激发兴趣。美国心理学家布鲁纳说："学习的最好动机，乃是对所学教材本身的兴趣"；著名教育学家皮亚杰则说："儿童不是被动地接受知识，也不是被动地接受环境刺激，而是具有主动性的人，他的活动受兴趣的支配。"兴趣是学习动机中的重要成分，是求知欲的起点。导入要能激发学生的学习兴趣，调动学生学习的积极性。

组织指引。导入的过程中只有使学生明确学习目的，才能把学生的内部动机充分调动起来，发挥学生学习的积极性和主动性。导入要给学生指明学习的方向，使学生明确学习任务，有目的的安排学习进度和有意义地开展学习，积极引导学生的思维走向。

建立联系。导入必须和新课题建立联系，才能自然地进入新知识的学习。如果导入所采用的资料和内容与所讲新知识没有联系，再能引起学生的注意和惊奇也是无意义的，反而会把学生的注意引偏，起不到导入的作用。

[想一想，辩一辩]

下面是《通过激素的调节》教学导入，依据导入的结构分析下面三个导入的组成。

教学导入 1：同学们，我们看黑板上的挂图。左侧这个人是哥哥 28 岁，但是个头矮小；右侧这个人是弟弟 16 岁，但是个头比左侧这个人高 1 倍。下面我们就共同来学习《通过激素的调节》。

教学导入 2：同学们，我们看黑板上的挂图。左侧这个人是哥哥 28 岁，但是个头矮小；右侧这个人是弟弟 16 岁，但是个头比左侧这个人高 1 倍。这是为什么呢？下面我们就共同来学习《通过激素的调节》。

教学导入 3：同学们，我们看黑板上的挂图。左侧这个人是哥哥 28 岁，但是个头矮小；右侧这个人是弟弟 16 岁，但是个头比左侧这个人高 1 倍。为什么会出现这种现象呢？这种现象主要是人体的内分泌系统调节不正常造成的。那么内分泌系统是如何进行调节的呢？内分泌系统是通过激素进行调节的。下面我们就共同来探讨《通过激素的调节》。

②导入的类型。

直接导入。直接导入是直接阐明学习目的和要求，提纲挈领地交代主要内容和重点的一种导入方式。这种方式能强化学生学习的意向性，提高学生学习的注意力，具有简洁明快的特点。但是，直接导入有其局限性。过于笼统、概括，也过于刻板、枯燥，缺乏强烈的感染力，不易激起学生的学习兴趣。直接导入法在高年级使用较好。

复习导入。复习导入是一种根据新旧知识之间的逻辑联系，找准新旧知识的联结点进行导入的一种方式。这种方式既可以巩固旧知识，又可以把新知识由浅入深、由简单到复杂、由低层到高层地建立在旧知识基础上，有利于新旧知识的联系，能够促进学生对新知识的理解。

悬念导入。悬念导入是一种以认知冲突的方式设疑，使学生思维进入惊奇、矛盾等状态，构成悬念的导入方式。这种方式能激起学生的求知欲望。

直观导入。直观导入是一种利用实物、教具(图片、模型、投影片、幻灯片、电视、多媒体等)引导学生观察、分析，再从观察中设置问题情境，引出新知识的一种导入方式。采用直观导入，可以使抽象的知识具体化、形象化，为学生架起由形象向抽象过渡的桥梁。符合学生认知的特点，易激起学生的学习兴趣和学习动机。

经验导入。经验导入是以学生的生活经验和熟悉的某些事物为出发点，通过提问、讲解，引起学生对已有经验的回忆，引导学生发现与该经验密切相关的新课内容的一种导入方式。从学生生活经验或熟悉的某些事物入手，恰当地导入新课，学生会感到亲切、自然、有趣，从而缩短知识与现实之间的距离，使所学知识变得易于理解和把握。

故事导入。“故事”是指真实的历史故事、神话和民间传说等。教材中有许多饶有兴趣的故事，有的早已家喻户晓，有的还知其较少。运用学生比较熟悉的故事进行导入，会使学生感到亲切、可信，符合学生认知的心理轨迹，容易引起学生的共鸣。俄国教育学家乌申斯基认为：“没有丝毫兴趣的强制性学习将会扼杀学生探求真理的欲望。”故事导入可以创设引人入胜的学习情境，有利于学生从无意注意迅速过渡到有意注意，激发学生学习的积极性。

[案例]

《厘米的认识》的导入设计：

师：同学们，今天老师给你们带来了一段有趣的动画片，想看吗？（想）请小朋友们一边看，一边想，动画片中都有谁？发生了什么事？（播放动画片课件）

师：动画片看完了，发生了一件什么样的事情？（生说）。同学们，师傅量的是三拃，徒弟也量了三拃，为什么阿福的衣服还会做小了？

生：老师傅的手大，小徒弟的手小，所以他们用拃量出来的长短不一样。（你真聪明）

师：谁知道一拃是怎么回事？（谁能给同学们比出一拃？教师再介绍一拃：一拃就是大拇指和中指使劲叉开之间的最大距离。同学们伸出你们的小手比出一拃。教师可用手比出错误的一拃让学生判断。谁来和老师比比？你发现了什么？）正因为师徒二人的拃不一样，所以衣服做小了。

师：谁能帮帮小徒弟，怎样才能做一件合适的衣服呢？

生1：师傅量师傅做。

生2：徒弟量徒弟做。

生3：可以用尺子量。（为什么你想到用尺子量？）

师：你们的办法都很好，为了统一测量标准，人们通常用尺子测量物体的长度。

（山东省新泰市第一实验小学　牛怀强提供）

(2)提问的设计。

①提问的结构。

引入阶段。教师用语言和动作表情等方式来表示即将提出问题，使学生对提问做好心理准备，引起对教师提问的注意。因此，提问前要有一个明显的界限标志，表示将由语言讲解或讨论等转入提问。此阶段教师常用的教学语言有："同学们，下面让我们共同考虑这样一个问题……"；"好，通过上面的分析请大家考虑……"

陈述阶段。在引起学生对提问注意之后，教师要用清晰、准确的语言把问题陈述出来，并对所提问题作必要的说明和提示。在陈述阶段，教师点题要集中、问题陈述要准确清晰、答案的组织结构提示要明确。

介入阶段。在学生回答问题有困难、不能作答或回答不完全时，教师应适时介入，以不同的方式鼓励、引导、启发、帮助学生回答问题。

评价阶段。当学生对问题作出回答后，教师对学生所回答的问题进行评价。评价形式主要有：重复学生的答案；以不同的词句复述学生的答案；根据学生回答中的不足，追问其中的要点；纠正错误的回答，给出正确的答案；教师对学生的回答进行评价；依据学生的答案，引导学生思考另一个新的问题或更深入的问题；就学生的答案加入新的材料或见解，扩大学习成果或展开新的学习内容。

[阅读链接]

提问后的介入、引导、评价与反馈技巧：

a. 提问后当学生不吭声时，重述一遍问题；重述一遍问题学生还不吭声时：

其一，把复杂的问题拆分成简单的问题进行引导；

其二，对复杂的问题加条件进行引导；

其三，把特殊疑问句转变成一般疑问句进行引导。

b. 提问后学生回答不准确时：

其一，找出学生回答内容的漏洞，通过弥补漏洞进行引导；

其二，找出学生回答的内容与标准答案的关系，通过关系链进行引导。

c. 提问后学生回答准确时：

其一，进行鼓励性评价；

其二，进行质疑反问。

［案例］

老师：苹果贮存久了，为什么会产生酒味？

学生：学生不吭声。

老师：苹果贮存久了，会产生酒味，为什么呢？（解决学生没听清问题的困难）

学生：学生不吭声（学生确实不知道）。

老师：苹果贮存久了，会产生酒味，为什么会有酒味呢？（把问题简单化）

学生：是不是有酒精呢……

老师：对，有酒精产生啦，那么苹果贮存久了，为什么会产生酒精呢？

学生：学生不吭声（学生不知道）。

老师：苹果在刚开始贮存时，氧气是充足的吗？

学生：是的。

老师：那么此时它的呼吸方式是什么样的呢？

学生：有氧呼吸。

老师：那放置时间长了之后，氧气量会不会减少呢？

学生：会！

老师：那好，在这种缺少氧气的情况下，它又会进行什么样的呼吸呢？

学生：无氧呼吸。

老师：好的，那么，对苹果来说，无氧呼吸后会产生什么样的产物呢？

学生：苹果贮存久了，环境中缺氧，苹果要进行无氧呼吸，无氧呼吸的产物是酒精，所以有酒味产生。

老师：很好，正是由于产生了酒精，所以我们才会闻到酒味。

（山西师范大学生物专业　骞蕾阳　麻晓瑜提供）

②提问的类型。在教学中，需要学生学习的知识是多种多样的，有事实、现象、过程、原理、概念、法则等；有的需要记忆，有的需要理解，有的需要分析、综合和评价等；学生的思维方式也有不同的形式和水平，这就要求教师在问题设计时不能千篇一律，应该根据不同的教学内容和学生的实际，选择不同的提问策略进行提问。一般来说，根据提问的认知水平不同，提问可分为回忆提问、理解提问、运用提问、分析提问、综合提问、评价提问。

回忆提问。对先前学习过的知识材料的再认和再现；是运用所记忆的知识照原样回答，不需要作深入思考的提问。

[案例]

细胞是生物体结构和功能的基本单位，对吗？

[评析]

这类问题要求学生回答“对”与“错”，“是”与“不是”等二择一的答案，属于认知层次较低的问题。

[案例]

什么是细胞？

[评析]

这类问题要求学生回忆学过的事实、原理、规则、方法、概念等，所回答的句子一般要求和教材上的表述一致。

理解提问。能用自己领会的事实与原理进行转换、解释与推断的提问。要求学生能用自己的话描述事实，讲述中心思想，将事实、事件进行比对等。

[案例]

教师：通过上面的学习我们了解了光合作用的过程，哪位同学能够把这个过程叙述一下呢？

学生：略。

教师：哪位同学能够把光反应中的物质变化和能量变化给大家叙述一下呢？

学生：略。

[评析]

这类问题要求学生必须对问题的本质深入理解，用自己的话讲述中心思想，以便了解学生是否抓住了问题的实质。

[案例]

教师：呼吸作用与光合作用在物质变化方面的本质区别是什么？

[评析]

这类问题要求学生对事实、事件进行对比，区别其本质的不同，达到更深入的理解。

运用提问。能把所学知识运用到新情境中，要求学生能够建立一个简单的问题情境，让学生运用新获得的知识结合过去所学过的知识来解决新问题的提问。

[案例]

"狗熊飞车"属于条件反射还是非条件反射？

[评析]

这类问题可以用来检测学生能否运用所学知识来说明新现象、解决新问题，达到学以致用的目的。

分析提问。能把事物的整体与部分之间适当的内在关系作要素分析、关系分析与组织原理分析。要求学生能分析出知识的结构、因素，弄清事物之间的关系或事件的前因后果，识别条件与原因，或者找出条件之间、原因与结果之间的相互关系的提问。

[案例]

细胞缺氧时，细胞的动作电位峰值为什么会越来越小？

[评析]

这类问题在课文里没有直接讲述，没有现成的答案。学生需要通过分析资料，逻辑推理，进行较高级的思维活动。

[案例]

有人说夏瑜是主人公，有人说夏瑜不是主人公，你同意哪种说法？理由是什么？

[评析]

这类问题将两种对立的观点放在学生面前，拓宽了学生的思路，学生可以各抒己见，发表自己的观点，进行较高级的思维活动。

综合提问。能将所学知识的各部分重新组合，形成一个知识整体的提问。要求学生将所学知识以另一种新的或有创造性的方式组合起来，形成一种新的关系，它要求学生要对某一课题或内容的整体有所理解，利用掌握的知识进行分析综合、推理想象，得出结论或看法，创造性地解决问题。综合提高是教师为培养学生综合性思维能力所进行的提问。

[案例]

假如《项链》中的玛蒂尔德没有把项链弄丢，你推测舞会后她的生活会发生变化吗？会有什么变化？

[评析]

这类问题要求学生敏捷地表达自己的想法。

[案例]

你能预测一下，地磁极突然颠倒会有什么情况发生吗？

[评析]

这类问题要求学生有预见性地回答。

评价提问。评价提问是指教师为培养学生判断能力所作的提问。它可用来鼓励和帮助学生根据已有的经验，建立起自己的标准，依据一定的标准来判断材料的价值。它要求学生对一些观念、价值观、问题的解决办法或伦理行为进行判断和选择，能解释判断的理由，提出自己的见解。

[案例]

有人说蕨菜是由现代的水绵进化来的，这种说法正确吗？为什么？

单倍体育种和多倍体育种与常规育种相比有哪些优点？为什么？

曾国藩是中国近代史上一位重要的历史人物，我们应该如何评价曾国藩？

你认为民间音乐好还是宫廷音乐好？为什么？

你认为古诗好还是现代诗好？为什么？

[评析]

这类问题学生在回答时，刚开始可能质量不会太高，这时通过问“为什么”“还有其他原因吗”“其他人有什么想法”等进行探询，目的是要让学生意识到问题的复杂性，促使学生从多角度去认识和分析问题，评价事物。由于这类问题的回答具有一定的“弹性”，只要学生持之有据、言之有理，允许学生有不同的结论。只有这样才能使学生的主体意识得到张扬，发散思维得到培养。

(3)概念讲解的设计。

①概念讲解的过程。提供感性材料。由感性认识到理性认识，由表象深入到实质，由直观过渡到抽象，是学生形成正确概念的途径。因此，学生在学习概念时首先要提供感性材料。

启发思维认识本质。提供感性材料使学生获得了感性认识，要形成概念，教师要启发学生认识各种事实或事物所具有的基本属性或基本特征，引导学生分析、比较，抓住主要因素，对事物的共性进行综合概括，明确基本属性或基本特征。为形成概念做准备。

综合概括准确定义。概念是对两种以上的对象、事物、人等的共同特征的概括，是对客观事物本质属性的一种抽象。事物的本质属性明确之后，概念也就形成了。但是概念的表述要用清晰而简明的语言和词语。

练习巩固。一个完整的认识过程必须由感性发展到理性，再由理性运用到具体中。概念的形成只是认知过程的第一个阶段，而认知的第二个阶段必须通过练习巩固才能完成。

对概念进行分化。为了更好地理解概念，对一些相近的、易混的概念进行比较，明确它们之间的区别和联系，帮助学生理解巩固概念。

②概念讲解的类型。概念讲解的演绎方式。提出抽象知识；分析抽象知识的组成成分；说明抽象知识各成分的含义；分析抽象知识各成分之间的关系；举正面、反面的实例说明、验证抽象知识；核查理解。

概念讲解的归纳方式。提出两个以上本质相同类型的事实；分析每个事实的组成成分；找出事实中相同的组成成分；分析各相同组成成分之间的关系；用规范术语描述各组成成分之间的关系；用实例、事实、实验等验证归纳抽象知识的正确性；核查理解。

[案例]

《植物对水分的吸收》教学过程设计

程序	教学过程		设计意图
	教师活动	学生活动	
课前准备	指导编组， 准备材料。	取大小、形状差不多的两块萝卜，每个中间都挖一个容积差不多的洞，在一个萝卜洞中放入清水，在另一个萝卜洞中放入同体积的浓盐水，然后分别放在两个写有标签的小烧杯中，并在萝卜洞上都加盖玻璃片，放置一段时间。	让学生以积极的情感态度参与学习活动。
导入新课	组织学生观察实验。并讨论：①想一想，是不是只要把萝卜块放在盐水中，萝卜中的水就一定会流出来呢？②如果不断降低盐水浓度，萝卜细胞会一直失水吗？③萝卜块在高浓度盐水中会失水，在低浓度的盐水中又可以吸水。从这种现象中你是否能发现想要研究的问题了？	观察并由小组选派代表描述实验现象。 学生在分析、讨论、回答问题中找出自己感兴趣的问题。其中有本节课要探究的课题：植物细胞得失水分的多少与外界溶液浓度的大小之间有何关系？	通过不断设置问题，引导学生去观察、分析，使学生在积极参与的基础上达到对知识的内化和提高，在获取知识的过程中培养和发展多种能力。 在分析讨论中发现要探究的问题。

续表

程序	教学过程		设计意图
	教师活动	学生活动	
提出假设	引导学生围绕提出的问题做出假设，激发并鼓励学生充分发挥想象力。 组织全班同学讨论。	以实验小组为单位展开讨论，大胆提出这个问题的假设，并用曲线的形式表示出来。各组选派代表描述本组画的曲线的含义。	启发学生围绕课题熟练地做出相应假设。
设计实验方案	激发、鼓励学生设计实验方案。 尽量与更多的实验小组交换意见，以了解学生的进度，为学生答疑，并做适当提示。	在组长的带领下，制订实验探究计划。如实验地目的要求、实验用具、实验步骤具体实验步骤等。	注重集体智慧，突出学生主体作用。
实施实验方案	关注学生个体的知识与技能的差异性。注意因材施教，及时辅导。	各小组成员密切配合，明确分工。按各小组的实验设计方案完成实验操作。	引导学生注重探究的全过程，使学生真正体会合作的快乐。
收集数据	巡回指导。	以小组为单位记录实验结果、处理数据并绘制曲线。	培养学生实事求是的作风。
表达与交流	组织各小组在多媒体大屏幕上展示交流自己的实验方案。	小组选派代表将各自的实验方案表达出来，如采用何种材料，运用什么方法进行探究的，结果如何。全体学生倾听发言小组情况并与之交流，共同得出实验结论。	鼓励学生乐于探索生命的奥秘，学会倾听和交流。同时通过交流与共享资源，扩展视野，提高探究性学习的质量。

续表

程序	教学过程		设计意图
	教师活动	学生活动	
分析与讨论	在学生探究活动的基础上讨论：①曲线与横坐标的交点代表含义是什么？②在这个浓度的盐水中，萝卜细胞为什么既不吸水也不失水？③为什么萝卜放在高浓度的盐水中萝卜细胞会失水？为什么清水中的萝卜细胞会吸水？ 师生小结：细胞得失水分取决于细胞液浓度与周围溶液浓度的差。	比较假设时画的曲线与实验后画的曲线，分析本组的试验结果是否支持本组的假设。思考并回答老师提出的问题。	对学生及时进行科学方法的指导。
增进推理技能	课外探究： ①给你洋葱、蒸馏水和必要的工具。请设计一个测定洋葱表皮细胞液浓度范围的试验方案。 ②给你洋葱、蒸馏水和必要的工具，请设计一个实验，鉴别两种不同浓度蔗糖溶液。写出实验步骤并分析实验结果。		

（山西省临汾市第三中学　刘晓军提供）

[议一议，练一练]

阅读《植物对水分的吸收》教学过程设计案例，分析教学过程设计的优缺点。

[阅读链接]

教案是教师在授课之前，为使教学活动科学有效地进行，根据教学大纲和教科书的要求，对课堂教学过程中涉及的各个要素进行详细设计的课堂教学计划书，也叫课时工作计划。目前人们书写的教案，按教学过程的书写格式可以分为：①板书提纲式：把教学内容以提纲的形式按顺序书写出来的教案，其中大部分是板书内容。其特点是内容简明扼要，层次清楚。但是，这类教案过于简单，除了教学内容的纲目和顺序之外，看不出教师和学生的行为，更看不出教学方法的安排及对教材的处理。适用于有经验的教师。②讲稿式：把教学内容和教学过程以文稿的形式书写出来的教案，是目前使用较普遍的一种教案形式。它把教学的每一个细节甚至课堂上教师所讲的每一句话都详尽地书写出来，能使人详细的了解教学内容和教学过程。但是，这类教案把教学方法和教学的设想暗含在教学内容之中，使人不能直接看出教师如何处理教材、如何选择教学方法、如何设计教学过程。不利于教师教学经验的总结和教学交流。③方法说明式：在讲稿式的基础上加入说明性的文字，即在叙述教学内容时，对处理某段教学内容的思路和选择教学方法的构想进行备注式的说明。使人既了解了教学内容和教学过程，又理解了教材处理和方法选择的思路。但是，这类教案教学内容、教学方法、教学思路一起写，使教案结构显得不太合理，教案体系显得比较混乱。④对话式：把教师的行为和学生的行为以对话的形式书写出来的一种教案形式。优点是能够看清教师和学生在课堂活动中的行为。缺点是不能反映教师处理教材、选择教学方法的思路，不能体现教学内容的层次，不利于教师在课堂上的应变。⑤流程式：把教学过程的每一步，教师与学生活动的顺序和方式用流程图和符号的形式表示出来的一种教案形式。⑥过程设计式：过程是指教学内容、媒体使用、活动安排按一定的时间顺序协调统一的实施过程，设计是指明确教学方法选择、教材处理、教学媒体使用、教学过程模式安排的指导思想和意图。过程设计式教案是综合了原有教案的优缺点之后，形成的一种较为完善合理的教案。

五、教学评价设计

1. 教学评价的类型

(1)依据评价的工具和形式不同进行分类。

①纸笔测验。是指以书面形式的测验工具，主要侧重于评定学生在学科知识方面学习成就高低或认知能力方面发展强弱的一种评价方式。

②实作评价。是指使用多种工具或形式，评定学生在实际情境下应用知识的能力，以及在情感态度和动作技能领域学习成就的一种评价方式。

(2)依据评价的标准不同进行分类。

①效标参照评价。也叫绝对评价。是指以预先设定的、期待的教育目标为

评价基准，来衡量评价对象达到程度的一种评价方式。

②常模参照评价。也叫相对评价。是指在某一集团中，以这个集团的平均状况为基准，来评价被评对象在这个集团中所处的相对位置的一种评价方式。

(3)依据评价的规模不同进行分类。

①课堂评价。主讲教师出题，不需要作复杂的统计分析，结果不具可比性。如：课堂提问、小组讨论观察、课后作业、课后小测验等。课堂评价就是教学评价设计的具体内容。

②大规模考试评价。由于涉及的群体比较多，需要有统一标准。如：单元测试、期中考试、期末考试等。

(4)依据评价的要求不同进行分类。

①能力评价。某种能力程度的评价。

②速度评价。完成某种任务的速度评价。

(5)依据评价的直接目的不同进行分类。

①配置性评价。目的是了解学生的起点能力、学习兴趣、学习特点等。

②诊断性评价。目的是鉴别学生的学习困难。

③形成性评价。目的是了解学生的学习进展。

④终结性评价。目的是评定学生的学习进展与成就。

2. 教学评价的设计

(1)依据教学目标进行评价。教学评价的实施，可以针对不同的学科、不同的教学内容、不同的评价目的采取不同的评价技术和方法；但是无论使用什么技术和方法，都必须依据教学目标来进行评价。

[案例]

反射弧的组成是(　　)

A. 感受器→传入神经→神经中枢→传出神经→效应器

B. 传入神经→感受器→神经中枢→传出神经→效应器

C. 感受器→传入神经→效应器→传出神经→神经中枢

D. 感受器→传入神经→神经中枢→效应器→传出神经

[评析]

认知领域识记层次的评价

[案例]

吃西瓜时，瓜瓤中可以食用的“红色”部分是(　　)

A. 结缔组织

B. 营养组织

C. 器官

D. 系统

[评析]

认知领域理解层次的评价

[案例]

如果支配某一肢体的传入神经及中枢完整，传出神经受损，那么该肢体(　　)

A. 能运动，针刺有感觉

B. 能运动，针刺无感觉

C. 不能运动，针刺有感觉

D. 不能运动，针刺无感觉

[评析]

认知领域运用层次的评价

[案例]

细胞缺氧时，细胞的动作电位峰值(　　)

A. 越来越小

B. 越来越大

C. 成为负值

D. 不变

[评析]

认知领域分析层次的评价

[案例]

请同学们来分析下面四组有趣的现象，看看它们分别属于哪类反射？判断的依据是什么？

A. 小猴吸奶　　属于(　　)反射，判断依据是＿＿＿＿＿＿＿＿

B. 尝梅止渴　　属于(　　)反射，判断依据是＿＿＿＿＿＿＿＿

C. 狗熊飞车　　属于(　　)反射，判断依据是＿＿＿＿＿＿＿＿

D. 望梅止渴　　属于(　　)反射，判断依据是＿＿＿＿＿＿＿＿

[评析]

认知领域评价层次的评价

[案例]

什么是细胞中的自由水？

[评析]

认知领域识记层次的评价

[案例]

列举三种植物细胞吸收水分的方式。

[评析]

认知领域理解层次的评价

[案例]

学习了尿液生成之后，请解释为什么人类每天要喝适量的水？

[评析]

认知领域运用层次的评价

[练一练]

选择一节课的教学内容，依据教学目标进行教学评价的设计。

(2)兼顾多重目标进行评价。教学目标有认知、情感态度、技能三个领域的目标，教学评价时要兼顾这三个领域的目标。不同领域的教学目标有不同的层次，每一个领域、每一个层次的目标都应该有机会被评价。

[案例]

用显微镜观察物体时，如果目镜的放大倍数为5倍，物镜的放大倍数为40倍，则物像的放大倍数为(　　)。

A. 5倍

B. 40倍

C. 200倍

D. 400倍

[评析]

技能领域知觉层次的评价

[案例]

证明“唾液淀粉酶对淀粉有消化作用”，某同学制定了下列实验方案：

①实验目的(略)

②实验材料和用具(略)

③实验方法和步骤

a. 取1支试管，注入2ml糨糊；

b. 用凉开水漱口后，用小烧杯收集唾液；

c. 向试管内加入2ml唾液；

d. 向试管中滴加2滴碘液；

e. 将试管振荡后放在37℃水中恒温10分钟。取出试管，观察试管内颜色的变化。

④结论：唾液中含有淀粉酶能将淀粉分解成麦芽糖。

请问：该实验的方法和步骤以及结论有没有错误？如果有，请指出并改正。

[评析]

技能领域创新层次的评价

[阅读链接]

在评价内容维度上，传统的教学评价存在的问题：

——重学科学业成绩评价，轻综合能力评价，单目标测试；

——强调统一的标准，忽视学生的个体差异；

——重视对结果的评价，轻视对过程的评价。

在评价内容维度上，教学评价改革的方向：

——应着眼于发现和发展学生多方面的潜能，要特别关注学生创新精神和实践能力等综合素质的发展。

——既要反映基础教育课程标准对学生的基本要求，又要反映学生发展的个体差异，适应社会对人才多样化的需求。

——应将形成性评价与终结性评价有机地结合起来。

(3)评价要符合面向全体学生的课程理念。教学评价的最终目的是确保教学目标的达成，促进教师和学生的共同发展。因此，评价要符合面向全体学生的课程理念。

[案例]

英语实习教师的课堂评价：

一位英语实习教师，专业学得非常扎实，口语也很流畅。实习学校一共有56位教师，他是唯一的一位研究生。由于他和学生年龄相仿，和学生的关系比较协调融洽。在一次英语示范课上，实习教师一节课提问7次，6次问的都是同一个学生。黑板做题1次，也是同一个学生。

【听课人与讲课人的交流与对话】

听课人：李老师，你好！你的课堂秩序很好，课堂氛围比较活泼；你能说一说为什么提问的7次，6次叫的是同一个学生吗？

实习教师：其他学生不会。

听课人：你怎么知道的其他学生不会？

实习教师：刚开始上课提问时，问其他同学都不会，就是问这个学生，他能答出来，慢慢地我就了解了学生，知道只有他才能答出来。

听课人：是不是提的问题有点难呢？

实习教师：我设计的问题都不难，都差不多。

听课人：你把你的7个问题分析一下，简单地说说问题考查的目标层次？

实习教师：我没想那么多。

听课人：你把你的问题再简单化，拆分成更简单的问题，想一想学生能回答出来吗？

实习教师：太简单喽，学生肯定就会答啦。

听课人：如果针对不同的学生设计不同层次的问题，是不是就可以把问题分配给不同层次的学生了？

实习教师：是。我想想……可能还是我出的问题有问题。

听课人：再想想，你的做法哪些方面不符合面向全体学生的课程理念？

实习教师：没有给全体学生提供同等的学习机会，机会大量地给了一个学生。

听课人：还有吗？

实习教师：问题没有层次，没有满足不同层次学生的需求。

听课人：还有吗？

实习教师：机会大量地给了一个学生，这个学生占有了大量的学习资源；学习资源的分配不公平。

听课人：还有吗？

实习教师：还有一个最大的收获，就是要把课堂上学的理论运用到实际课堂中。其实教学评价、课程理念在研究生学习期间都学过，当时，只是把它作为学习内容在背诵，学过、考过就完事啦。今天才知道，课堂上学的理论是要运用到课堂教学中的。只有理论与实践相结合，理论指导实践，实践才能提高。

(4)评价要采用多种方法。在教学过程中，不同的教学内容，不同的教学阶段，采用不同的教学方法，才能达到不同的评价目的。

[阅读链接]

在评价方法维度上，传统的教学评价存在的问题：

——重纸笔测验，轻实作评价；

——过分依赖于纸笔测验，追求客观性和标准化。

在评价方法维度上，教学评价改革的方向：

——应将纸笔测验和实作评价有机地结合起来。

——应针对评价对象的特点，采用灵活多样、简便易行的评价方式，提高评价的科学性和实效性。

(5)评价目的要明确。评价的目的是为了落实课程标准，实现教学目标。教师得到发展，学生得到发展，课堂教学得到优化。

[阅读链接]

在评价实施维度上，传统的教学评价存在的问题：

——将评价与常规教育教学活动人为地分割；

——学生处于被动接受评价的地位。

在评价实施维度上，教学评价改革的方向：

——应将评价和日常的教育教学活动有机地结合起来，要客观地反映和鉴别学生在学习和发展中遇到的困难和问题。

——要重视评价对象在评价过程中的主体地位，使评价成为管理者、教师、学生、家长共同参与的、积极的交互过程。

[案例]

“绿色食品”是指遵循可持续发展原则、按照特定生产方式生产、经专门机构论证，无污染且富含营养的食品。这些食品之所以被称为“绿色”，是因为与生命、资源、环境保护相关的事物，国际上通常冠之以“绿色”。

(1)设计一份调查表，并实地调查我县市场上销售的“绿色食品”的名称，主要成分，生产基地，产品论证机构，大致生产流程等。

(2)运用调查的材料和数据写一份500字左右的调查报告，题目为“绿色食品的喜与忧”，或在老师及家长指导下，设计一份将我县生产的某种食品论证为“绿色食品”，并推向市场的行动方案。

(3)请为你身边的某种“绿色食品”设计一份不超过30字的广告语，向社会作介绍。

[讨论]

分析案例，案例中包含哪些目标领域的评价？包含哪些目标层次的评价？包含哪些评价方法？

专题五　教学设计成果的评价

[问题与讨论]

教学评价设计与教学设计成果的评价有什么关系？两者之间有什么相同点和不同点？

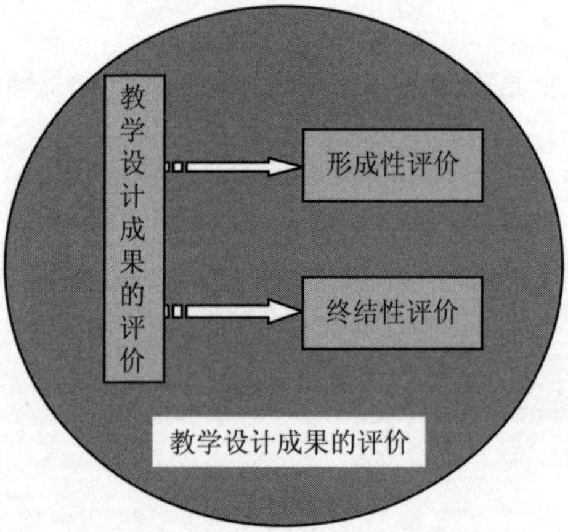

■ 一、教学设计成果的概念

教学设计进入后期阶段，主要任务是对教学设计的成果既设计的产品进行评估，以提高产品的质量，这就是教学设计成果评价。教学设计成果就是教学设计者为实现一定的教学目标而设计的一系列教学活动。

二、教学设计成果评价的类型

1. 形成性评价

形成性评价主要是了解教学设计的进展情况以及遇到的问题和困惑，完善教学设计方案，改进教学设计文本的一种评价方式。形成性评价是以教学设计成果达到目标或需要的程度为核心进行评价的。教学活动的成功与否直接关系到教学设计产品的成败。教学设计成果的形成性评价主要包括以下五项内容：

(1)制订必要的评价计划。这部分的工作涉及评价标准以及教学目标的确定。

(2)制定或选定必要的评价工具。根据评价的需要选择适当的评价工具，如测验、问卷和观察等。

(3)教学设计产品的试用。即进行教学活动。

(4)收集教学活动的信息。收集有关教学设计产品的教学成果数据。它包括选择设计产品试用的被试、实施教学、考察教学效果等。

(5)分析和整理评价信息。将收集到的信息进行处理，提出书面的评价结论和修改意见。

2. 终结性评价

终结性评价主要是评定教学设计的成就，一般是作为成果报告或为教育决策参考的评价方式。

[案例]

《藻类、苔藓和蕨类植物》的教学设计

一、教学设计的指导思想

生物圈中已知的绿色植物，大约有30多万种，它们形态各异，生活环境也有差别。可以分为四大类群：藻类、苔藓、蕨类和种子植物。教学中教师应注意不要讲述详细的分类学知识，而应突出在“生物圈”的不同环境中分布着不同类群的绿色植物以及这些绿色植物的最基本的特征，它们在生物圈中的作用和与人类的关系。

关于本节内容，教师可以根据当地的实际情况，提供观察实验等活动的材料，尽量为学生创造条件完成各项活动，以便更有效地进行教学。

二、教学内容分析

(一)教材分析

本节课是义务教育课程标准教科书《生物学》(人民教育出版社)七年级上册第三单元第一章中的第一节。

藻类植物大多生活在水中，结构比较简单，单细胞或多细胞个体，没有根、茎、叶等器官的分化。藻类植物通过光合作用释放的氧气占空气中氧气的95%，这对维持生物圈中二氧化碳和氧气的平衡起了重要的调节作用；藻类植物通过光合作用制造的有机物为水域中的其他生物提供了丰富的食物来源，这使得水域中的生物资源十分丰富。

苔藓植物大多生活在潮湿的陆地环境中，一般具有茎和叶，但茎和叶里没有输导组织，根是假根，因此，植株一般都很矮小。苔藓植物可蓄积水分，保持水土，也可当作监测空气污染程度的指示植物。

蕨类植物生活在森林和山野的潮湿环境中，有了根、茎、叶的分化，并且根、茎、叶中有了输导组织，因此，植物长得比较高大。有些蕨类植物的嫩叶可以食用，有的可供药用，有的是优良的绿肥和饲料，今天我们用的煤就是古代的蕨类植物经过漫长的年代变成的。

藻类植物、苔藓植物和蕨类植物都是不结种子的植物，用孢子来繁殖后代。

(二)教学重点和难点的分析

在“生物圈”的不同环境中分布着不同类群的绿色植物，这些绿色植物的最基本特征，它们在生物圈中的作用以及与人类的关系是教学的重点。创造条件让学生对藻类植物、苔藓植物和蕨类植物有一个感性的认识是教学的难点。

三、学习者分析

在我们的生活环境中，植物随处可见，学生对自己身边的植物有了一定的感性认识，如海带、紫菜，许多学生见过、吃过；下雨后，阴湿的地面会长出绿茸茸的苔藓植物；在南方，肾蕨也是很常见的。此年龄阶段的学生，对事物的认识水平和能力正处在以感性认识、形象思维为主向理性认识、抽象思维过度的重要阶段。教师引导学生在对大量感性认识的基础上，总结概括出不同植物类群的最基本特征，它们在生物圈中的作用和与人类的关系，然后，再引导学生根据不同类群的最基本特征识别身边的植物，遵循由特殊到普遍，再由普遍到特殊的认识规律。

四、教学目标设计

(一)知识目标

(1)概述藻类、苔藓和蕨类植物的形态特征和生活环境。

(2)说出藻类、苔藓和蕨类植物对生物圈的作用和与人类的关系，关注这些植物的生存状况。

(二)能力目标

(1)提出和本节内容有关的问题，并尝试着去解决。

(2)小组成员之间合作交流，尝试着表达自己或小组的观点。

(三)情感目标

通过学习不同环境中分布着的不同类群的绿色植物以及它们在生物圈中的作用和与人类的关系，使学生关注生物圈中各种各样绿色植物的情感以及保护意识。

五、教学方法设计

演示教学法

阅读法

讨论法

讲授法

六、教学媒体设计

(1)实物展示：海带、紫菜、石花菜、水绵、苔藓、肾厥、满江红、衣藻模型等。

(2)计算机：以Power Point的形式向学生展示不同环境中的植物类群。

(3)显微镜：观察水绵。

七、教学过程设计

说明：近两年来，我改变过去以教师传授为主的课堂教学模式，在初中生物课上探索出以学生自学为主、培养学生能力与传授知识融为一体的新课型，得到了学生的认可，同时也取得了一定的成绩。具体做法是：引入——读书——讨论——解疑——归纳。下面我以苔藓植物为例来体现我的教学思路。

程序	教学过程		设计意图
	教师	学生	
引入	同学们，前面我们学习了藻类植物，现在我们要学习一种新的植物类群——苔藓植物。请告诉我，你们见过苔藓植物吗？在哪见过？	同学们踊跃回答：我在阴湿的墙角见过苔藓植物；绵山的山洞里；我奶奶家院子里水管周围有许多苔藓植物；在森林里的树干上也有；下雨后，背阴处的泥土上、砖块之间、墙壁上可以看见苔藓植物；花窖里许多花盆的外面长有苔藓植物……	设置情境，调动学生的生活体验和学习情绪，激发兴趣，使学生产生强烈的学习欲望。

续表

程序	教学过程		设计意图
	教师	学生	
阅读	大家说的这些都是苔藓植物，说明在生活中你们很善于观察，那么你对苔藓植物有什么印象，或者说它们具有什么样的特点？(学生很容易回答：矮小；生活在阴湿环境)下面大家观察我在校园内采集的苔藓植物(给学生分发并观察)。那么，苔藓植物为什么矮小？为什么生活在阴湿的环境中？它们最基本的特征是什么？它们对自然界有什么意义？与人类有什么关系？现在大家可以观察并阅读教材第80页苔藓植物内容。	学生活动 1. 阅读教材P80。 2. 观察实物(教师课前采集，课上分发给学生)。 3. 阅读相关资料。	学生产生了强烈的学习欲望，但教师又不告诉学生，让学生自己通过阅读教材、观察实物等一系列活动自己获得知识。学生目标明确，思维集中，重点也易突破，自学能力自然在此阶段得到提高。有利于培养学生良好的学习习惯和自学能力，使其终身受益。
讨论	大家在阅读过程中遇到的问题可以前后左右进行讨论。	学生讨论很热烈。	经过自学，教材中大部分重点、难点学生都可以自己解决，不能解决的则记下来，前后左右四人一组，研究讨论自学过程中各自遇到的疑难问题。

续表

程序	教学过程		设计意图
	教师	学生	
解疑	现在请大家把在讨论之后还没有解决的问题提出来，我们共同探讨。	学生问题很多，如为什么下了雨以后就会有苔藓植物，这些苔藓植物是从哪里来的？岩石上的苔藓植物为什么抠不起来？南北极是否有苔藓？苔藓植物只有假根，它是怎样吸收水分和无机盐的？苔藓植物很矮小，为什么葫芦藓比较高？（学生指蕨柄）在一些岩石上，我看到很矮小但发白的植物，那是不是苔藓植物？（地衣）书上说苔藓植物对二氧化硫等有毒气体十分敏感，这些气体可以从背腹两面侵入叶细胞，可我们前面讲了细胞膜能控制物质的进出，为什么细胞膜不能控制二氧化硫进入？……	分组讨论仍没有解决的问题，则提交全班解决。若学生的疑难问题带有普遍性，教师可予以解答；倘无普遍意义且无深究意义，为了节省这堂课的教学时间，可下课后个别讨论。在这些普遍性的问题中，有些问题比较简单，其他同学可以回答；有些问题产生争论，在争论的过程中达成共识；有些问题有一定难度，教师解答；有些问题，教师不会但学生会，让学生解答并给以鼓励；有些问题，教师学生都不会，坦然面对，下去共同查找。
归纳	教师确定学习目标、重点 1. 苔藓植物的生活环境。 2. 苔藓植物的最基本特征。 3. 苔藓植物在生物圈中的作用和与人类的关系。	学生归纳总结 1. 苔藓植物大多生活在潮湿的陆地环境中。 2. 一般具有茎和叶，但茎和叶里没有输导组织，根是假根，因此，植株一般都很矮小。 3. 苔藓植物可蓄积水分，保持水土，也可当作监测空气污染程度的指示植物。	通过以上环节的学习，学生已经掌握教材中的重点难点，师生共同回忆这一节的主要内容，并将之陈列于黑板上，即板书。

八、教后反思

我过去是这样上这节课的：首先引入：夏天，在阴湿的地面和背阴的岩石、墙壁上，常常密集地生长着许多矮小的植物，就像毛茸茸的绿毯一样，这往往是苔藓植物。接下来，我讲常见的苔藓植物，苔藓植物的主要特征，苔藓植物对自然界的意义。

整个一节课都是我在讲，这就是满堂灌，我可能讲得很投入，可学生知之甚少。而现在的引入唤起了学生对以往生活经验的回忆，对所学知识有了情感，有了想进一步学习的要求和欲望。再通过阅读和解疑，培养了学生的自学能力和提出问题的能力，看得出来，学生的问题已远远超出课堂，向知识的深度和广度延展，从课堂教学向社会生活延伸。我相信，这样的课堂学生是兴奋的、快乐的，也是有收获的。

（山西省实验中学　贺小红提供）

[想一想，练一练]

选择一节课的教学内容，依据所学理论进行教学设计，并对教学设计进行自评、互评、修改、完善。

[问题与讨论]

下面是一位科学教师在小学三年级科学课上的观察。通过以下观察案例的研究思考，你认为科学课上出现这种现象正常吗？教师在这个教学过程中应该担当什么样的角色？假使你在教学中出现了类似的问题，你打算如何解决？

[案例]

小组合作与个人表现

这学期开始进行科学课的教学了。当时拿到课本的时候，新颖的教材设计，看得我一头雾水，不知道从何入手。于是静心琢磨教材设计者的设计意图，发现书中许多内容是让孩子们自己动手寻求科学的答案，其间更多的是在小组合作的基础上进行学习探究的。

上了几节课下来，我发现了一个奇怪的现象：合作学习中有些孩子手忙脚乱，而有的孩子却是“事不关己，高高挂起”，在一边独自“偷闲”。下课后，我就喊了一个“悠闲”孩子，问他：“你上课的时候，怎么不和同学一起动手学习呢?”这个孩子满怀委屈地说：“老师，不是我不想和他们一起学习，而是×××(小组长)太霸道，从来不听我的，也不让我‘玩’实验器材。”孩子的一席话，让我陷入了迷茫：什么样的小组合作学习才能使孩子们都乐意动手呢？如何恰当地发挥小组长的作用呢?

[阅读链接]

说课　听课与评课

第一部分：说课

一、什么是说课

(1)教师在备课的基础上，依据教学科学理论、教材和教学大纲以及所施教学生的具体情况，分析教学目标和任务，阐述教学过程，讲解施教方案的一种教学研究和交流的活动形式。

(2)教师以语言表达的方式将自己的教学设计或教学思路表达出来。

(3)授课教师在备课的基础上，向评委或同行系统地阐述自己的教学设计及其理论依据，然后由听者评论达到共同提高的目的，属于教师教学研究的范畴。它可以帮助教师认识备课的规律，提高备课的能力。

二、说课的意义

(1)说课可以宏观提高广大教师的专业理论水平。说课是一项教研活动，在说课的过程中，必须说出科学依据，要想说好课，必须自觉地学习教育学和心理学，研究教育理论。因此，可以通过这种形式和机制，使广大教师深入钻研教材、教法、学法与教学程序，提高教师的教学能力。

(2)说课可以有效地提高教师水平，能促进课堂教学三个体现，体现教材的重点、难点、特点，体现教材的思路，教课思路和学生学习的思路以及体现教师为主导，学生为主体，训练为主线的三为原则。

(3)说课是最有效的备课和教研形式，可以取长补短，互相交流，共同提高；

(4)说课有助于教师对教材的理解，备课是教师对教材的全面分析和科学处理，教材内容为什么这样安排，教学时为什么这样处理，只有通过说课，才能被发现。

通过说课可以锻炼教师执行贯彻教学大纲、驾驭教材的能力，由于在对教学内容分析上，要说明教学目的的制定依据，重点、难点的分析，知识点之间的理解，可以加深教师对大纲的理解，同时在有效的时间内，可以展现对教材的驾驭能力。同时能提高教师教学方式的运用和教学手段的设计能力，哪些内容讲，哪些内容练，哪些内容读，怎样突破难点，用什么手段训练重点，怎样引导、启发，怎样培养思维品质，都通过说课来完成。

三、说课的特征

说课一般出现在学校教研组的集体备课、公开课、观摩课、汇报课后的座谈中。

(1)说课实际上就是教师个人对自己的备课情况所作的简明的总结汇报。但并不是对备课活动的简单罗列，而是对教学方案作出的理性剖析。

(2)说课是一种教学研究活动。它既不是一般的教学活动，也不等同于一般的备课。

(3)在通常情况下，说课活动表现为教研组内部或同行之间的一种交流和切磋，能够起到取长补短、共同提高的作用。

(4)说课侧重于“说”，口头表达是它的基本表现形式。

四、说课的形式

(1)说课按时间顺序划分为课前说课和课后说课两种。

课前说课，主要说构想，具有预定性；课后说课主要说反思，具有总结性。

(2)按目的划分为教研型、汇报型、示范型、竞赛型四种。

教研型说课是指备课时教研组内部的小范围说课，形式比较自由，内容比较广泛，气氛比较轻松，有利于同行间的交流、切磋；汇报型说课是向前来听课的领导和同行进行说课的实际操作，展示说课活动开展的状况和水平，求得批评和指导；示范型说课则是由操作者做出榜样，供大家研究、学习；竞赛型说课则用于选拔优秀，所要说的教材内容往往由当场抽签决定，对“备说”和“说课”的时间均有严格限制。

五、说课的内容

1. 说教材

(1)阐述本课题的教学背景。说清本课题内容在本节、本章乃至整个教材中的地位、作用和前后联系(有时也可以说对其他学科的影响等)；说清本课题教材内容的主要知识点、能力点和前后教材内容的联系和区别；说清教学大纲的具体要求在本课题教材内容中的体现；说清本教学内容对学生的知识增长和能力提高有什么重要作用，对学生将来的学习会产生什么影响。

(2)展示本课题的教学目标(要增加哪些知识、提高何种能力、开发什么智力、启迪什么思维)。说出教学目标中不同层次的要求(如识记、理解、掌握、运用等)；说出体现这些教学目标的知识点、能力训练点和思想教育点，并说出确立本教学目标的依据。

(3)确定本课题的重点、难点、关键点。根据教学目标说清本课题内容的重点；根据学生的认识、能力、人格因素等实际情况说出本课题内容的难点。

(4)讲述课题内容在教材中的逻辑结构与学科逻辑结构中所处的地位，以及对本课题教材所作的删减、增加、修改以及顺序的调整，并讲述这样处理的理由、依据。

2. 说方法

(1)要说出所采用的课堂教学模式及理论和实际的依据。

(2)要说出通过什么方式，提出哪些促进学生积极思维的问题，培养学生哪方面的能力，达到什么目标，估计学生会有哪些思维结果，以及对学生不同的思维结果，教师将要采取哪些措施。

(3)要说出在教学过程中如何侧重指导学生掌握学习方法，即不但要让学生“学会”，还要让学生“会学”。

(4)要说出根据学生的年龄特点和认知规律，为保证学生进行高效而有趣的学习所创设的教学环境(即如何让学生动脑、动手、动口)。

(5)要说出所使用的教学辅助手段及其使用的目的。

3. 说策略

教学策略设计是实现教学目标的手段。它包括教学程序、教的活动、学的活动及教学组织形式等。

(1)教学程序设计。依据教学目标的多元化，为强化能力的培养，推进学生素质的提高，教师可不把教学内容告诉学生，而是向他们提供问题情景以及有关线索，引导学生对问题进行探索，并由学生自己收集材料、证据，让学生从中有所发现。如“硫酸的工业制法”课题，可由学生先从硫酸工厂、环保局、图书资料中收集材料，然后以专题探讨式进行课堂教学。

(2)关于教与学的两种活动的设计。要说出如何将教和学有机结合的安排和构想及其理论依据，如何做到学思结合、学问结合、学练结合、学用结合。

(3)关于教学组织形式的设计。应说出上课形式、典型环节、范例的设计及教学媒体的运用等。

4. 说程序

(1)要说清本课题教学过程的总体框架(如新课导入、新课讲解、反馈练习、归纳总结等)以及各板块的时间分配。

(2)要说清在新课讲解中突破教学重点的主要环节的设计、化解教学难点的具体步骤以及学情依据。

5. 说板书

说出板书设计的主体内容及其与教学内容的内在联系。

六、说课的原则

1. 科学性原则——说课活动的前提

科学性原则是教学应遵循的基本原则，也是说课应遵循的基本原则，它是保证说课质量的前提和基础。

(1)教材分析正确、透彻。说课中，教师不仅要从微观上弄清弄懂各知识点的内涵和外延，做到准确无误。更重要的是要从宏观上正确把握本节课教材内容在本学科、本年度的地位、作用以及本课内容的知识结构体系，深刻理解各知识点之间的关系。

(2)学情分析客观、准确，符合实际。说课中教师要从学生学习本课的原有基础和现有困难两个方面分层次、客观、准确地分析学情，为采取相应的教学对策提供可靠的依据。

(3)教学目的的确定符合大纲要求、教材内容和学生实际。教学目的包括本节课的总目标与具体的基础知识目标、发展智能目标和思想教育目标，其确定要与教材分析和学情分析保持高度的一致性，要有切实可行的落实途径。

(4)教法设计紧扣教学目的、符合课型特点和学科特点、有利于发展学生智能，可行性强。说课中，教师既要说清本节课的总体构想以及依据，又要说清具体的教学设计尤其是关于重点、难点知识的教法设计的构想及其依据，使教法设计思路清晰、具有较强的可操作性。

2. 理论联系实际原则——说课活动的灵魂

说课是说者向听者展示其对某节课教学设想的一种方式，是教学与研究相结合的一种活动。因此在说课活动中，说课人不仅要说清其教学构想，还要说清其构想的理论与实际两个方面的依据，将教育教学理论与课堂教学时间有机地结合起来，做到理论与实践的高度统一。

(1)说课要有理论指导。在说课中对教材的分析应以学科基础理论为指导，对学情的分析一概以教育学、心理学理论为指导，对教法的设计应以教学论和学科教学法为指导，力求所说内容言之有理、言之有据。

(2)教法设计应上升到理论高度。教师在教学实践中，往往注意到对教法本身的探索、积累与运用，而忽略了将其总结上升到理论高度并使之系统化、规律化，因而淡化、浅化了教学实践的功能。说课中，教师应尽量把自己的每一个教法设计上升到教育、教学理论高度并接受其检验。

(3)理论与实际要有机统一。在说课中，既要避免空谈理论，脱离实际，“放之四海而皆准”；又要避免只谈做法不谈依据；还要避免为增加理论色彩而张冠李戴，理论与实际不一致、不吻合。要做到理论切合实际，实践是在理论指导下的实践，理论与实践高度统一。

3. 实效性原则

任何活动的开展，都有其鲜明的目的。说课活动也不例外。说课的目的就是要通过“说课”这一简易、速成的形式或手段来在短时间内集思广益，检验和提高教师的教学能力、教研能力，从而优化课堂教学过程，提高课堂教学效率。因此，“实效性”就成了说课活动的核心。为保证每一次说课活动都能达到预期目的、收到可观实效，至少要做到以下几点。

(1)目的明确。大体上，说课可用于检查、研究、评价、示范等多种目的。一般来说，检查性说课主要用于领导检查教师的备课情况；研究性说课主要用于同行之间切磋教法；评价性说课主要用于教学评比、竞赛活动；示范性说课则是为了给教师树立说课的样板，供其学习、参考。在开展说课活动前，首先要明确目的，也就是将要开展的是哪一类型的说课活动，以便做好相应的准备工作。

(2)针对性强。这主要是针对检查性、研究性两种说课活动而言。检查性说课一般来说主要针对以下问题：教师的工作态度、教师的专业知识、教师的教学能力、教师的教研能力；研究性说课应主要针对承上启下的课节、知识难度较大的课节、结构复杂的课节以及同科教师之间意见分歧较大的课节等。只有加强了说课的针对性，才便于说课人和评说的准备以及对问题的集中研究与解决。

(3)准备充分。说课前说课评说人都围绕本次说课活动的目的进行系统的准备，认真钻研大纲和教材，分析学情，做到有的放矢。说课人还要写出条理清楚、有理有据、重点突出、言简意赅的说课稿。

(4)评说准确。评说要科学准确，指导性强。说课人说完之后，参加评说的人员要积极发言，抓住教学理论上的重大问题和教学中带有倾向性、普遍性、规律性的问题进行重点评说。主持人还应该将已达成的共识和仍存在分歧的问题分别予以归纳总结，以便在教学中贯彻执行或今后继续进行研究。

4. 创新性原则——说课活动的生命线

说课是深层次的教研活动，是教师将教学构想转化为教学活动之前的一种课前预演，其本身也是集体备课。在说课活动中，说课人一方面要立足于自己的教学特长和教学风格；另一方面更要借助有同行、专家参与评说众人共同研究的良好机会，树立创新的意识和勇气，大胆假设，小心求证，探索出新的教学思路和方法，从而提高自己的业务水平，进而不断提高教学质量。只有在说课中不断发现新问题、解决新问题，才能使说课活动永远“新鲜”，充满生机和活力。

第二部分：听课

一、什么是听课

听课是教师凭借眼、耳、手等自身的感官及有关的辅助工具，从课堂情境中获取相关的信息资料，从感性到理性的一种学习、评价及研究的教育教学方法。

听课者一方面应具备一定的教学修养和经验；另一方面应掌握一定的听课技术要领，需要以原有教育思想和类型经验参与为基础，以看、听、想、记和谈多种听课活动协调为保证。

二、听课的功能

(1)学习：通过听课，可以获得许多经验、技巧、信息。听课是学习他人、学习新知的最好的方式之一。特别是听一些老教师、教学能手、特级教师、优秀教师的课，可以学到许多在书本上难以学到的教育教学理念、教学的思路、知识、方法、技能技巧等，这些教学的经验包括教训，可以给听课者以极大的启示。所以我们经常见到这样的情形：一听说有公开课，许多教师都非常积极，踊跃参加，因为从听课中的所得，正应了那句话："听君一席话，胜读十年书。"

(2)分析：听课的另一个很重要的目的是对课堂教学进行分析。一般来讲，在听课活动之后，都会组织相应的评课，而听课人自己，不管听到怎样的课，是优质的课还是一般的甚至有明显瑕疵的课，不管有没有在评课时公开发表意见的机会，都应当做一个有心人，即自主地认真深入地想一想以下问题：这节课上的是成功还是失败？课堂的效果如何？为什么？他为什么这样讲，不那样讲？我们常说"旁观者清"，经过这样不断地分析思考，可以逐渐提高对课的分析能力、评价能力，还可以不断地对教学进行再创造。所以，分析的过程既是学习的过程，更是提高认识和教学水平的过程。

(3)建设：不管活动的组织者是否在听课之后安排了评课这一环节，也不管你作为一名听课者是否有机会在评课时进行发言，都必须树立这样一种意识：凡听课，必进行分析，必对课进行自我重新设计，即"建设性听课"、"贡献性听课"。假设此课由我来讲，我会如何设计？如何讲？如何将本课明显的失误加以改进？这是一种很重要的思想，也是一种很好的自我历练的方式。在这种真实的情境中，听课人同上课者同样，紧张地进行着再设计和再创造，并且这种再设计和再创造是站在讲课人肩膀之上的再创造。这样坚持去做，一定会对自己的教学水平有很大的提高，更重要的是，坚持这样的一种评课态度和做法，营造了一种和谐的研究氛围，构建了一种新型的教研文化，有利于教师之间的相互学习、合作，有利于教师向研究型发展，有利于教师团队的共同提高。

(4)成长：不管是讲课人还是评课人，都应树立这样一种思想：所有的课堂教学都不可能是完美无缺的，不需要改进的。即使再优秀的教师，也需要与时俱进，需要不断成长、创新与提高。而听课评课这一活动方式，是促进所有教师的专业不断成长的有效之道。从新教师到合格教师、再到优秀教师的成长之路，就是一条不断超越自我之路，不断地学习他人、总结反思之路，成长之路。

三、听课的技巧

(1)课前充分准备，明确目的：听课前应做好如下几方面的准备：熟悉课程标准，了解某节课编者的意图与教师拓展的空间；明确这节课教学的三维目标；了解教材编排体系，弄清新旧知识的内在联系，熟知教学内容的重点、难点；对所教内容应在头脑中设计课堂教学的初步方案，粗线条勾勒大体的教学框架，为评课提供一个参照体系；要根据课型(汇报课、研讨课、指导课、检查课)确定侧重点，针对教师业务层次和水平进行评议、指导以及提出不同要求。

(2)听看结合，详细记录：听课记录是重要的教学资料，是教学指导与评价的依据。它应全面、具体、详细，包括情境创设、教师点拨与引导、师生的双边活动、教法选择、学法运用、练习设计、教学反馈、课堂的亮点与失误等，还有听课者的评析与建议。注意：①听课时对一些教学的“大腕”、“能手”、“专家”不要过分迷信盲从，听课时要思考和分析，不能不加选择地照单全收；②对待听课的态度要如同上课一样，尊重他人的劳动和智慧，认真观察和倾听课堂上师生的交流，既对别人的长处和优点充分肯定，也对课堂的不足和缺憾提出自己的意见；③听课的方法要求做到观、听、记、想。“观”：观察教室环境，学生状态，教师讲课时的投入状态、表情、板书等；“听”：听教师的表达正确不正确，简洁不简洁，语速恰当不恰当、语调语气亲和不亲和？提出的问题有没有思考价值？愿不愿倾听学生的话语，对学生发言的反应机敏不机敏？除了听老师，还要听学生。听学生敢不敢回答问题？愿不愿发表自己的意见？会不会表达自己的思想？发言的学生多不多？“记”：记录课堂主要环节，大致流程，记重要的细节，记时间的分配，记课堂的精彩之处和疏漏之处，记下自己当时的感悟和点评；“想”：对照目标想：这节课是否符合目标要求，是否围绕目标施教，对照学生想：学生的学习状态、参与度如何以及学生的学习习惯、方法、知识、情感等方面的成效性如何？在本节课里有无发展与提高？对照自己想：假如由我来讲，我会如何设计和改进？④在做听课记录时许多人偏于记课堂实录，而不做评点；一部分人记录的内容多是教者板书什么就记什么，成了讲授者的“板书”，此外别无他记。好的听课记录应是实录与评点兼顾，特别是做好课堂评点往往比实录更重要；⑤听课记录要关注教学环节设计，关注如何重点突出、难点突破，关注教学方法的运用与学习方法的形成，关注辅助手段的应用与板书设计，关注练习与知识拓展的设计。

(3)注重听课反思：有位哲人曾说，世上最聪明的人是那些善于发现别人长处，并能学习别人长处，最终使其变为自己的长处的人。根据新课程教学理念的要求，听课教师对课堂教学的课后反思，应着重围绕以下环节进行：从教学目标、内容、重点、方法等的协同程度方面反思；从课堂教学结构的适宜程度方面反思；从师生关系中教师主导与学生主体作用是否协调方面反思；从教材的示范作用是否得到发挥方面反思；从时间分配容量是否合理适中方面反思；从教学手段的运用是否得当方面反思；从反馈矫正的及时有效方面反思；从训练是否贯穿课堂教学始终方面反思；从教学效果是否到位达标方面反思；从教师基本功是否扎实方面反思等。注意：①听课后及时同讲课者相互交流；②虚心学习他人课中的闪光点；③正确对待他人课中出现的问题；④在分析总结他人课时注意比较、研究，取长补短。

第三部分：评课

一、什么是评课

评课是一项常规的教学研究活动，一般是评课者在听课后对指对课堂教学成败得失及其原因作中肯的分析和评估，并且能够从教育理论的高度对课堂上的教育行为作出正确的解释。具体地说：是指评者对照课堂教学目标，对教师和学生在课堂教学中的活动以及由此所引起的变化进行价值的判断。

二、评课的原则

(1)实事求是的原则：对课的分析要以课堂的真实情况为基础，以科学的理论为依据，不带任何偏见，恰如其分地进行评析。公正客观地评析一节课，应尊重事实，尊重他人劳动。不敷衍，不过分夸大其词，也不恃强凌弱，不以“过来人”、“老教师”甚至“专家”自居，贬低别人。

(2)坦率诚恳的原则：评课时应本着真诚的态度，营造轻松愉快的气氛，说实话，说真话。尤其是在学校的教研活动、备课组教研活动中，更不应说空话、大话、套话、假话，要实话实说。只要评课者站在执教者与帮助促进者的角度去分析考虑问题，给执教者一个中肯的指导意见，让别人特别是执教者在一种融洽的氛围中，在充满“轻松”的心理状态下感觉到你的善意，容易接受你的意见，有助于执教者反思自己的教学，提高教学能力。

(3)针对性原则：一方面，评课时不要面面俱到，不必一二三四罗列太多，要切中肯綮，集中一两个问题深入地分析；另一方面，对不同的课，评课各有侧重，如：实习课、实验课、交流课、示范课、检查课、评优课等，要求各不相同。

(4)建设性(激励性)原则：评课首先要考虑到最终的目的是为了激励授课者，而不是挑毛病，是要让授课者听了你的评课更加有信心，有勇气，即如何把课上得更好。例如，评课时注意授课者教学的长处、优点，对其进行充分肯定，还可设身处地地换位思考，设计出更佳的教学方案，促使授课者达成共识等，像这样的激励方法很多，如目标激励——给教师提出一个教学研究的目标；榜样激励——为教师树立一个教学典型；闪光点激励——抓住教师课堂成功之处激励；信息激励——为教师提供课改信息。

(5)差异化(个性)原则：差异性的原则要因人而异，不要强求一律，要用别人的长处比自己的短处，而不是用自己长处比别人的短处，即评课时不能强求一律，“一刀切”，要因人、因课、因地而异，认可多样化、个性化的上课方式，这样评课有利于教师形成独特的教学风格。

(6)导向性原则：评价课堂教学必须有明确的方向性和目的性，也就是要有明确的教学评价目标。评价一堂课应当以实现教学目标，教学计划，切实提高课堂教学质量为根本目的，即评价具有非常重要的“指挥棒”作用，特别是在上级领导、专家评课，在大型教研活动中，更应注意发挥评价正确的导向作用。

三、评课内容

(1)教学目标的评价：教学目标是教学过程中师生预期达到的学习结果和标

准。它是课程目标的进一步细化，在方向上对教学活动设计起指导作用，为教学评价提供标准和依据。因此，评价一节课堂教学，首先是其教学目标，即要看本节课有没有目标，目标制定得恰当不恰当？学生对此是否清楚？其次，整节课的教学是否围绕着目标进行？是紧扣还是偏离目标？最后，对教学目标的完成情况如何进行评价？

(2)学习内容的评价：课程标准中强调既要关注学习结果，也要关注学习过程，以及情感、态度、行为的变化。其中，评价内容的多元化是最为显著的变化。学习内容的评价不只是看是否抓住重点、关键点等，更重要的关注评价学生解决问题的能力和过程的评价，学生科学方法掌握和探索性活动水平的评价，学生对知识的理解水平的评价以及学生在学习中所形成的情感态度与价值观的评价。因此，在对学习内容进行评课时，不仅仅关注学生形成的知识，还包括形成的能力以及情感、态度和价值观。具体表现在教师：①教学思路清晰，课堂结构严谨，教学密度合理；②面向全体，体现差异，因材施教，全面提高学生素质；③传授知识的量和训练能力的度适中，突出重点，抓住关键；④给学生创造机会，让他们主动参与，主动发展；⑤体现知识形成过程，结论由学生自悟与发现。

(3)教学过程的评价：教学过程包括一节课大致有几个环节组成？各环节之间的联系如何？教学环节对目标的达成所产生的作用、效能如何？

(4)教学方法手段的评价：评课的内容主要包括方法的选择与运用是否适当、必要以及优选活用？教学方法是否单一，是否有创新，是否贴近学生和教学的实际，对教学目标的达成效能如何？教学信息的交流是否畅通，反馈效果如何？现代化教学手段是否使用以及如何运用？教学中教师的教学方法对学生的学习方法有无进行指导等内容。

(5)教学基本功的评价：教师的学科素养如何？本学科的知识功底如何？语言表达如何？板书如何？教学中是否真诚、亲切、投入？具体体现在：①用普通话教学，语言规范简洁，生动形象；②教态亲切、自然、端庄、大方；③板书工整、美观、言简意赅，层次清楚；④能熟练运用现代化教学手段；⑤变和调控课堂能力强。

(6)教学效果的评价：主要可从三个方面来看：一看课堂是否有效、高效；二看学生课堂的思维状态是否活跃；三看信息量是否适度，教学时间的掌控是否适当，学生负担是否超荷，有无拖堂现象。另外还有教学风格，主要看有没有形成教师个人的独特教学风格等。

四、评课的作用

科学的评课活动至少有三种作用。一是诊断作用。常言道"当事者迷，旁观者清"，因此，评课时如果听课人员能把上课过程中所暴露出来的问题诊断出来，然后再诚恳地给提出来，这无疑是对上课教师的莫大帮助。二是互助作用。评课的过程也是教师间互动的过程，显然它有利于教师之间互相学习、切磋技艺和交流心得。三是导向作用。评课时，大家在一起以先进的教学观念针对课堂教学中的优点和不足提出中肯的评议，并在此基础上形成集体的共识，这在一定意义上对以后的课堂教学起到了导向的作用。这在强调加强对教师进行校本培训的今天，对教师而言，科学的评课活动无疑是一种行之有效的校本培训方式。然而，在教学研究的实践中，我们也不无遗憾地发现这种行之有效的教研活动在具体操作时却多多少少有些走样了，让人有种流于形式之感。主要表现有：①只听不评，没有下文；②隔靴搔痒，点不到要害；③面面俱到，主次不清；④好好先生，无关痛痒；⑤追赶时髦，套话空话；⑥恶语伤心，苛刻刻薄；⑦当面不说，背后乱说；⑧以偏概全，一无是处。因此，为了充分发挥评课的功能，在评课中坚持评课主体的多元化，包括讲课人自己、同伴互评、教研员评析、学校领导评析或其他人的评析。评课方法坚持使用"1+1+1"评课法，即肯定一条优点，指出一条不足或缺憾，贡献一条建议性意见。

五、好课的标准

苏轼有诗云："横看成岭侧成峰，远近高低各不同。"其实，看山如此，看课亦然。一堂课仿佛一面多棱镜，因听课者的不同、评价角度的不同，人们对同一堂课会有不同的理解和认识，仁者见仁，智者见智。

好课的标准不是一成不变的，它总是随着时代的发展而变化发展着的。新课程后，广大教师纷纷探讨究竟怎样的课堂教学才是符合新理念、有利于学生发展的好课，出现了多种评价标准。下面介绍几种：

1. 叶澜教授的观点

一堂好课应该是有意义的课；

一堂好课应该是有效率的课；

一堂好课应该是有生成性的课；

一堂好课应该是常态下的课；

一堂好课应该是有待完善的课。

2. 王荣生教授从教学内容的角度提出的标准

最低标准是教师知道自己在教什么；

较低标准是教学内容正确；

较高标准是教学内容的现实化；

理想标准是课程目标的有效达成。

3. 建构主义指导下形成的标准

学生学习的主动性；

有效的互动性；

自行获取知识的实践性；

学生真正的理解性；

预备学习材料的良好组织性；

学生学习的反思性。

4. 新课程理念下的好课标准

好课标准因评价的角度不同，可能各有侧重。但有一点可以指出的是，“标准”一定是发展着的、不断完善的，是动态的。如：

(1)教学目标科学而且符合本班学生实际；教学内容的选择、组织、设计恰当；教学程序设计符合学生知识、能力、情感与价值观的生成发育过程；教学过程动态化，教师导控佳，学生状态好；教学效能高。

(2)是一节有利于健康的课；是一节有效有序的课；是一节学生充分参与的课；是一节尊重个别差异的课；是一节解决学习问题、学习困难的课；是一节学生能够提出问题、乐于质疑的课等，这些都反映了大家的反思和观点。

(3)是一堂符合课程标准、落实课标要求的课；是一堂学生饶有兴趣、欲罢不能的课；是一堂能动思维、激活思维的课；是一堂解决学生的学习问题、获得新知识的课；是一堂珍惜师生的时间、注重效率的课。

参考文献

[1]邬美娜．教学设计．北京：高等教育出版社，1994.

[2]张海珠，毕润成．生物学教学设计论．北京：科学出版社，2004.

[3]邵瑞珍．教育心理学．上海：上海教育出版社，1997.

[4]刘知新．化学教学论．北京：高等教育出版社，2007.

[5]李晓文，王莹．教学策略．北京：高等教育出版社，2000.

[6](美)Priscilla Norton & Karin M. Wiburg. 吴洪健，倪男奇译．信息技术与教学创新．北京：中国轻工业出版社，2002.

[7](美)R. M. Gagne，L. J. Briggs & W. W. Wager. 皮连生，庞维国等译．教学设计原理．上海：华东师范大学出版社，2002.

[8](美)Stephen D. Brookfield. 张伟译．批判反思型教师．北京：中国轻工业出版社，2002.

[9]Robert A. Reiser. (2001). A History of Instructional Design and Technology. Educational Technology Research and Development，49(1).

[10]李奇．谈学习环境的设计．中小学电教，教师版，2004(7).

[11]李龙．教学过程设计．呼和浩特：内蒙古人民出版社，2001.

[12]何克抗．教学设计理论的新发展．中国电化教育，1998.

[13]黎加厚．信息化环境下的教学设计．中小学信息技术教育，2002.

[14]盛群力，李志强．现代教学设计论．杭州：浙江教育出版社，1998.

[15]R. M. 加涅．教学设计原理．上海：华东师范大学出版社，1994.

[16]皮连生. 教学设计——心理学的理论与技术. 北京：高等教育出版社，2000.

[17]加涅著，皮连生译. 教学设计原理. 上海：华东师范大学出版社，1999.

[18]王道俊，王汉澜. 教育学. 北京：人民教育出版社，1989.

[19]孙宽宁. 活动课程与学科课程的关系简论. 课程教材教法，1997.

[20]章伟民. 教学设计基础. 北京：电子工业出版社，1998.

[21]教育部：基础教育课程改革纲要(试行). 中国教育报. 2001.

[22]沈龙明. 中小学课堂教学艺术. 北京：高等教育出版社，2006.

[23]杨九俊. 说课、听课与评课. 北京：教育科学出版社，2004.

[24]苏霍姆林斯基. 给教师的建议. 北京：教育科学出版社，2000.

[25]教育部：全日制义务教育语文课程标准(实验稿). 北京：人民教育出版社，2001.

[26]傅道春. 新课程中课堂行为的变化. 北京：首都师范大学出版社，2002.

[27]徐世贵. 怎样听课评课. 辽宁：辽宁民族出版社，2003.

[28]唐晓杰. 课堂教学与学习成效评价. 南宁：广西教育出版社，2000.

[29]江玉安. 评课的三个基本问题：内容、标准与思路. 课程·教材·教法. 2007(3).

[30]国家教育委员会人事司：中小学教育评估. 北京：北京师范大学出版社，1997.

[31]曾宪一. 实·活·新——我评课的三个维度. 语文教学通讯，2005(5).

[32]崔鸿，张海珠. 新理念科学教学论. 北京：北京大学出版社，2009.

[33]王光明，王合义. 运用建构主义观点探讨一堂好课的标准. 中国教育学刊，2002(2).

[34]姚嵘. 新课程理念下一堂好课的标准. 中外教学研究，2006(12).

[35]董蓓菲. 一次观念全新的评课活动. 新民晚报，2001-02-21.

[36]王荣生. 从教学内容角度观课评教. 语文学习，2005(6).

[37]吴立岗，夏惠贤. 现代教学论基础. 南宁：广西教育出版社，2001.

[38]毕义明. 加强课程教学设计，促进教学质量提升. 实验技术与管理，2010(12).

[39]胡波. 基于新课程理念的现代教学设计. 中国教育学刊，2007(3).

后　记

本书是为适应中小学教师职后培训设计编写的，也可以作为师范院校学生教师专业发展培训之用。本书是一个集体劳动的成果。主编提出总体设计和写作提纲，参编教师分别独立完成了写作任务，最后由主编统稿。参加本书编写的都是学有专长的中青年教师，本书也是各参编人员专业特长和学术研究成果的体现。

本书是卫建国教授主持的山西省高等学校哲学社会科学研究基地项目《中小学教师职业道德提升研究》(课题编号：2010315)与张海珠教授主持的山西省高等学校哲学社会科学研究基地项目《山西省农村教师专业发展需求及有效性研究》(课题编号：2011319)的阶段性研究成果之一。

感谢北京师范大学出版社为本书出版提供的支持和帮助；感谢山西师范大学教师教育学院2010级教育原理方向研究生对本书提出的意见；感谢山西省各县参加培训的教师提出的中肯意见。本书的写作参考了其他作者的著作或论文，虽然在书中均已注明出处，在此还是要表示感谢。

本书具体分工如下：专题一：卫建国教授、刘文兵高级讲师(太原市教研中心)；专题二：卫建国教授、陈花讲师；专题三：张海珠教授、张艳讲师；专题四：张海珠教授、王爱玲副研究员(山西省教科院)；专题五：张海珠教授、吕亚平讲师。

本书是一个新的尝试，不足之处和缺点在所难免，敬请读者批评指正。

张海珠

2013年5月